DE L'ENSEIGNEMENT

MANUEL ET PROFESSIONNEL

EN ALLEMAGNE

ET DANS LES PAYS DU NORD

DE L'ENSEIGNEMENT

MANUEL ET PROFESSIONNEL

EN ALLEMAGNE

ET DANS LES PAYS DU NORD

> 1° *Rapport à M. le Ministre de l'Instruction publique sur une mission relative à l'enseignement du travail manuel dans divers pays étrangers*, par M. G. SALICIS, inspecteur général de l'enseignement du travail manuel.
>
> 2° *Notes sur quelques écoles professionnelles d'Allemagne*, par M. G. JOST, inspecteur général de l'Instruction publique.

PARIS

<table>
<tr><td>CH. DELAGRAVE,
ÉDITEUR,
Rue Soufflot, 15.</td><td>HACHETTE ET Cⁱᵉ,
ÉDITEURS,
Boulevard Saint-Germain, 79.</td></tr>
</table>

1887

Nous réunissons dans le présent fascicule des *Mémoires et documents scolaires* deux documents qui ne peuvent manquer d'être lus avec intérêt par le public français.

Le premier est un rapport rédigé en 1882 par M. G. Salicis, aujourd'hui inspecteur général de l'enseignement du travail manuel, à la suite d'une mission que lui avait confiée M. le Ministre de l'Instruction publique, mission au cours de laquelle M. Salicis a visité l'Allemagne, le Danemark, la Suède, la Norvège et l'Autriche et y a recueilli des renseignements relatifs à l'enseignement manuel scolaire ainsi qu'à l'enseignement professionnel.

Le second est un travail rédigé par M. Jost, inspecteur général de l'Instruction publique, concernant diverses écoles professionnelles d'Allemagne visitées par lui pendant l'été de 1886.

RAPPORT

A M. LE MINISTRE DE L'INSTRUCTION PUBLIQUE

SUR UNE MISSION

RELATIVE A L'ENSEIGNEMENT DU TRAVAIL MANUEL

DANS DIVERS PAYS ÉTRANGERS

Monsieur le Ministre,

L'un de vos honorables prédécesseurs, M. Jules Ferry, désirant être exactement renseigné sur l'état, à l'étranger, de la question du travail manuel scolaire, m'a fait l'honneur de me proposer la longue et délicate mission d'aller chercher en Autriche-Hongrie, en Allemagne, en Danemark, en Suède et en Norvège les renseignements qui s'y rapportent et d'étudier sur place le fonctionnement des systèmes qui présenteraient quelque intérêt.

Cette question du travail manuel scolaire étant ma préoccupation depuis plus de dix ans, je ne pouvais qu'accepter avec empressement. J'ai rempli de mon mieux le mandat important qui m'était confié et je viens aujourd'hui, monsieur le ministre, vous soumettre l'ensemble et les détails des observations que j'ai pu recueillir.

Comme préambule et bien qu'il soit d'usage de terminer par les remerciements à toutes les obligeances qui ont concouru à donner aux tâches semblables à la mienne la valeur finale qu'elles peuvent avoir, permettez-moi, non pas de me débarrasser d'un fardeau de reconnaissance, mais bien d'associer dans votre pensée, aux diverses phases de mon voyage, une partie au moins de ceux à qui je suis le plus redevable.

Sur ma demande, M. Buisson, directeur de l'enseignement primaire, dont vous connaissez, monsieur le ministre, l'esprit d'initiative et qui n'était rien moins qu'indifférent à l'idée et au succès de ma mission, M. Buisson avait bien voulu m'adjoindre deux instituteurs alsaciens, MM. Ruhlmann père et fils, qui, grâce à leur parfaite connaissance de la langue allemande, devaient au besoin suppléer à mon insuffisance. Une semblable collaboration était nécessaire.

C'est en effet se tromper beaucoup que de croire à une grande diffusion de notre langue, et l'expression courante : *A l'étranger tout le monde parle français*, prouve simplement que les Français ne voyagent pas beaucoup à l'étranger.

Je ne crois pas avoir rencontré en Allemagne un seul instituteur, un seul directeur d'établissement primaire, parlant ou voulant se résigner à parler français (il en est un peu différemment des institutrices); tout, en définitive, dans les établissements du premier degré, se passait en allemand. Dans la plupart des cas et dans l'intérêt de la fidélité absolue des transmissions, M. Ruhlmann était mon interprète, et dans tous les cas M. Ruhlmann fils traduisait à la plume les phrases échangées. Ce dernier travail, complété d'observations prises sur place et annoté par moi chaque soir, constituait le procès-verbal du jour ; vous les trouverez tous, monsieur le ministre, annexés à ce rapport qui n'est ainsi qu'un extrait de leur ensemble.

Je m'empresse donc de reconnaître tout ce que je dois à l'intelligence de MM. Ruhlmann et à leur assiduité de toutes les heures.

Avant de quitter la question des langues, je signalerai la même illusion patriotique qui nous flatte mais qui nous trompe en ce qui regarde les peuples scandinaves. Pas plus et moins qu'en Allemagne, on ne trouve en Danemark, en Suède ou en Norvège à utiliser, utilement, serais-je tenté de dire, la langue française ; j'entends, monsieur le ministre, dans les relations les plus journalières, les plus communes de la vie ; car si j'avais à vous parler des classes aisées ou des fonctionnaires d'ordre supérieur, la conclusion serait certainement inverse. Ici l'allemand lui-même devient insuffisant ; je me serais donc vu dans la nécessité de prendre un interprète à Copenhague, si une bonne fortune ne m'avait mis, dès les premiers jours, en relation avec M. Holbek, l'éminent directeur de l'enseignement primaire, et M. de Coninck, conseiller de légation au ministère des affaires étrangères.

Jadis Parisien, aimant notre nation, captivé d'ailleurs par la nature de la question qui lui paraissait aussi danoise que française, non seulement M. de Coninck s'est fait notre interprète, mais il s'est associé étroitement à toutes mes recherches et ne nous a quittés que sur le pont du bateau qui nous conduisait en Suède.

Là nous attendait, à Stockholm, un concours aussi peu prévu, une véritable collaboration, celle de M. Mejerberg, inspecteur général des écoles.

M. Mejerberg a inspecté pendant un grand nombre d'années les écoles de Göteborg ; depuis plus de vingt ans il remplit les mêmes fonctions à Stockholm ; personne mieux que lui ne connaît la question scolaire en Suède ; je dois d'abord à son inépuisable obligeance tout ce que j'ai pu recueillir à Stockholm, et, pour explorer le reste du pays au mieux de mon mandat, je n'ai eu qu'à suivre ses avis.

Ainsi que j'ai cru devoir déjà vous le faire prévoir, monsieur le ministre, la langue allemande devenait plus qu'insuffisante ; mais l'attrait de la mission nous a valu le concours d'un jeune et intelligent étudiant d'Upsala, M. Sahlin, fils du recteur de l'université, qui voulut bien se charger des laborieuses fonctions d'interprète en Suède et en Norvège. Grâce à son zèle assidu, toutes difficultés ont disparu.

Au cours de ce rapport bien des noms danois, suédois et norvégiens éveilleront d'autres souvenirs, tous de gratitude ; je puis même dire que j'aurais à remercier tous les Danois, Suédois et Norvégiens à qui, de près ou de loin, l'intérêt de ma mission m'a conseillé de faire appel. En Danemark, en Suède et en Norvège l'accueil pour nous, Français, n'est pas seulement empressé, il est plein de chaleur. J'aurai heureusement l'occasion de les remercier tous.

Je ne puis cependant quitter une première fois la Suède

sans signaler particulièrement ce que la mission a d'obligations à M. Abrahamson de Nääs et à son neveu M. Otto Salomon, directeur d'une école normale du travail manuel privée et entendue au point de vue suédois. En outre d'une hospitalité princière que nos hôtes ont prolongée tant qu'ils ont pu et qu'ils s'obstinaient à prétendre trop courte. nous avons trouvé là, dans le directeur, un pédagogue résolu du travail manuel, dans l'école qu'il dirige avec un zèle d'apôtre, le type qui semble devoir s'étendre à toutes les écoles rurales du pays, enfin, dans la situation du lieu, un centre fructueux de rayonnement.

A la différence près des tempéraments, l'Allemagne, monsieur le ministre, s'est aussi montrée pleine d'égard pour notre mission. Dès que le caractère officiel de mon voyage était avéré, les portes nous étaient ouvertes ; la politique n'entrant d'ailleurs pour rien dans mes recherches, j'ai rencontré plus d'une fois les obligeances les plus amicales.

C'est ainsi qu'à Berlin, M. le conseiller intime du gouvernement Lüders, directeur au ministère des cultes et des beaux-arts, a mis la plus extrême conplaisance, non seulement à me signaler les points à visiter, mais à m'y accompagner et à me fournir ensuite sur le reste de l'Empire les documents qui pouvaient m'intéresser: et autant pourrais-je en dire, pour Crefeld, de M. le Dr Schauenburg, directeur de la Realschule ; pour Munich, de M. Rohmeder, commissaire royal et recteur de l'École de commerce ; et d'un grand nombre d'autres hommes éminents dont les noms se retrouveront heureusement à leur place.

La qualité des hommes qui m'ont aidé dans ma tâche prouve suffisamment que les divers ministres étrangers en ont favorisé de leur mieux l'accomplisement.

Il serait d'ailleurs superflu d'ajouter que de tous les représentants de notre pavillon, j'ai reçu non seulement l'appui officiel auquel je devais m'attendre, mais l'accueil le plus cordial.

Jusqu'à l'achèvement de ma mission, je n'ai ainsi dû quelque peine qu'à son étendue même, à la difficulté de m'orienter à coup sûr dans une espèce de voyage de découvertes, à la tension surtout de corps et d'esprit qu'ont exigée, pendant trois mois, des visites et des interrogatoires de tous les jours et de toute la journée.

Mon voyage a duré du 3 mai au 31 juillet. Les vacances commençant de bonne heure dans les contrées du Nord, il était nécessaire de débuter par celles-là ; cependant, comme il me restait assez de temps pour étudier la partie de l'Allemagne que j'avais à traverser jusqu'à Kiel, j'ai d'abord fait de Cologne à Hambourg les recherches requises. Par Kiel j'ai gagné Korsör en Danemark ; de Copenhague je me suis dirigé sur Stockholm par Malmö, traversant ainsi la Suède du sud-ouest au nord-est. Je l'ai ensuite traversée de l'est à l'ouest jusqu'à Göteborg sur le Skager-Rack, Wenesborg au sud du grand lac Wener, et je l'ai quittée par Carlstadt, ville importante située au nord de cette mer intérieure, pour gagner Christiania.

Si mes fonctions n'avaient pas réclamé ma présence à Paris pour le mois d'août, j'aurais complété mon exploration en Norvège, en la poussant jusqu'à Drontheim ; mais je me suis cru obligé de redescendre par Frederickstadt et Frederickshald jusqu'à Göteborg, d'où traversant le Skager-Rack j'ai pris par Frederickshaven, à travers le Jutland, le chemin de Hambourg pour Berlin.

De ce dernier point la suite de mon itinéraire passe d'abord par Leipzig, la Saxe et la Bohême ; sautant la Hongrie par la même raison qui m'avait empêché de pousser plus avant en Norvège, j'ai regagné Paris par l'Autriche, Salzbourg, la Bavière, le grand-duché de Bade, l'Alsace, après avoir dessiné du départ à l'arrivée une sorte de huit dont le nœud est à Hambourg, l'une des branches circulant à travers le Danemark et la Scandinavie, l'autre à travers l'Allemagne.

Pour donner plus d'unité, par conséquent plus de clarté à ce rapport, je crois, monsieur le ministre, ne pas devoir régler rigoureusement ce compte rendu sur l'itinéraire suivi.

Au point de vue du programme que j'avais à remplir et qui me donnait comme tâche la recherche du travail manuel scolaire, les deux régions comprises chacune dans les deux boucles du huit m'ont fourni des résultats différents. Afin d'éviter toute discordance dans l'exposition, je traiterai séparément de ces deux régions, en commençant par l'Allemagne.

Je crois utile, monsieur le ministre, d'arrêter d'abord un peu la nomenclature très complexe de ses institutions scolaires.

Sans compter les Kindergärten (jardins d'enfants, écoles Fræbel, salles d'asile) qui sont, sans exception, d'ordre privé en Allemagne et très inégalement appréciés, on y compte, au moins dans toute ville un peu importante, vingt-deux sortes d'établissements classés et répondant à autant et même à un plus grand nombre de dénominations différentes. La plupart, il est vrai, chevauchent les uns sur les autres : chacun d'eux va un peu plus loin que celui qui le précède ou change un peu de direction; il est assez difficile de s'y orienter.

Nous trouverons ainsi, en façon d'arbre généalogique avec branches latérales :

1° La Volksschule (école du peuple), qui correspond à notre école primaire; je la prendrai pour point de départ en appelant d'abord l'attention sur les écoles à sept classes de Hambourg, qui, entre les écoles du nom de Volksschule, sont les plus complètes. Le programme y comprend : la religion, les langues allemande et anglaise, l'enseignement par l'aspect, l'histoire, la géographie, l'histoire naturelle, la physique, le calcul et l'algèbre, la géométrie, l'écriture, le dessin, le chant, la gymnastique.

Pour les filles, l'anglais, l'algèbre et la géométrie sont remplacés par les travaux manuels, mais vous remarquerez dès à présent, monsieur le ministre, qu'il n'est pas question de travaux manuels pour les garçons.

Le programme de toute Volksschule d'Allemagne et même celui du degré suivant sont compris dans celui-là, avec suppression, en tout ou en partie, de langues vivantes, d'algèbre, de géométrie, d'histoire naturelle et de physique. Ces matières, en y ajoutant au besoin la langue française, sont réservées aux écoles d'ordre suivant.

2° La Bürgerschule (école bourgeoise), qui commence comme la précédente, mais où l'écolage dure une ou deux années de plus, et où l'on enseigne la géométrie ou plus de géométrie, autant pour les sciences physiques et naturelles, et une ou deux langues vivantes.

Mais le fonctionnement n'est rien moins qu'homogène. Il est particulier, on vient de le voir, à Hambourg; il l'est aussi en Bavière, en Wurtemberg; de même en Bohême, en Autriche, à Salzbourg; d'où l'impossibilité de donner une définition unique. Souvent ces deux écoles n'en font qu'une : on est alors en Volksschule dans les classes élémentaires et en Bürgerschule dans les classes supérieures; enfin la Volksschule prend quelquefois le nom de Vorschule ou école préparatoire et se trouve réunie à la Bürgerschule, ce qui est le cas précédent.

Comme vous allez le voir, monsieur le ministre, il sera en définitive fort difficile de différencier nettement les enseignements voisins; on se trouve en présence de quelque chose d'analogue au spectre solaire : l'instruction, c'est la lumière, et la classification allemande serait sa décomposition, mais chromatique, au point que vingt dénominations et plus suffisent difficilement à la désignation des nuances.

Toutefois après l'un ou l'autre de ces écolages primaires ou primaires du second degré, les enfants se divisent en deux catégories: les uns poursuivent pendant un certain temps encore ou bien achèvent leur culture intellectuelle, les autres vont aux métiers.

La première se partage elle-même sur deux voies principales dont l'une conduit à l'Université, équivalent de nos facultés, l'autre aboutissant au Polytechnicum, dit ailleurs école polytechnique, et ailleurs, en Prusse par exemple, école technique supérieure (höhere technische Schule), qui peut se comprendre comme équivalent de notre École centrale. On y fait les ingénieurs des voies de communication, des architectes, des constructeurs de machines et des chimistes.

Le travail manuel n'ayant ici rien à faire, ou n'intéressant que très indirectement, ma tâche étant d'ailleurs très chargée, je ne m'occuperai pas en détail de ces deux grandes institutions.

Il ne saurait cependant être inutile d'insister ici sur un rouage compliqué et d'indiquer la suite des degrés qui conduisent de l'enseignement élémentaire à ces deux buts extrêmes.

Ces degrés ne sont pas autres que les écoles moyennes (Mittelschulen) et les écoles supérieures (höhere Schulen).

Comme en France, on arrive à l'Université d'abord par le collège ou lycée, appelé Gymnasium, qui comporte l'étude obligatoire du grec et du latin, facultative de l'hébreu, et qui est précédé lui-même du Progymnasium.

Celui-ci n'est qu'un Gymnasium où l'étude s'arrêterait à la

première classe dite Prima. On arrive cependant encore à l'Université par le Realgymnasium dont il va être question et par le Prorealgymnasium.

Quant à l'École polytechnique, on y entre soit par le Realgymnasium, soit par l'Oberrealschule, ou encore, quoique plus difficilement, par l'École technique. L'on trouve encore ici le Prorealgymnasium et, si la nomenclature ne craignait pas probablement de braver par trop l'euphonie, on devrait trouver la Pro-Oberrealschule; mais celle-ci a le nom plus bref de Realschule, laquelle a sa Pro-realschule, appelée en Prusse höhere Bürgerschule (école bourgeoise supérieure), et nous retombons, en dessous, au second degré primaire, à la Bürgerschule.

Les programmes des établissements dont le nom a *Real* pour radical sont conçus dans un esprit plus scientifique, surtout plus géométrique, que le Gymnasium et le Progymnasium. Ils se chevauchent d'ailleurs de telle façon, et avec celui de la Bürgerschule, qu'un élève arrivé à la fin de l'un d'eux puisse accéder d'emblée à une partie plus ou moins avancée du suivant, mais toujours moyennant examen. Le Realgymnasium diffère d'ailleurs du Gymnasium non seulement par un caractère plus scientifique, mais en ce que l'étude du grec n'entre plus dans son programme et que le latin, bien qu'obligatoire, n'y figure qu'avec une importance secondaire.

A ces explications que j'ai rendues claires de mon mieux, mais que les nécessités de la phrase estompent certainement, ne saurait nuire un exposé synoptique tel que le suivant (voir p. 11).

Il est sous-entendu qu'à tous ces enseignements sont joints l'instruction religieuse, la gymnastique, et que le chant y occupe une place importante.

En ce qui regarde la gymnastique, il n'est pas d'école un peu nouvelle qui n'ait une salle d'exercice ouverte dont les dimensions nous étonneraient. Quant au chant, il est enseigné partout avec le plus grand soin. Les résultats sont remarquables et, soit entendu dans les morceaux exécutés, soit lu avec le tableau à portées, le mot Vaterland (Patrie) est celui qui frappe le plus souvent.

La seconde des catégories entre lesquelles se partage la génération qui achève l'écolage primaire s'engage sur un réseau plus compliqué. Les plus aisés, encore maîtres de leur temps,

Kindergarten (jardin d'enfants, école Frœbel).
Premier âge, de 3 à 6 ans.

Gemeindeschule ou *Volksschule* ou *Probürgerschule*. — École primaire du 1er degré.

Etudes : 5 ans { une partie alimente les diverses écoles d'apprentissage ou professionnelles. / une partie continue par l'école suivante.

Bezirkschule ou *Bürgerschule*. — École primaire du second degré.
Etudes : une année de plus que la précédente ou 6 ans

Prorealschule ou *höhere Bürgerschule*

Même programme que la suivante
moins la première classe *(Prima)*.
Durée des études, 6 ans.

Realschule.

Même programme que la suivante
moins la première classe.
Durée des études, 7 ans.

Ober-Realschule.

Français, Anglais, Mathématiques, Physique, Chimie, Histoire naturelle, Histoire, Géographie, Ecriture, Dessin.
Durée des études, 9 ans.

Prorealgymnasium.

Même programme que le suivant
moins la première classe *(Prima)*.
Durée des études, 7 ans.

Realgymnasium ou *Realschule*
1. Ordnung.

Latin, Français, Anglais, Mathématiques,
Géographie, Histoire, Physique, Chimie,
Histoire naturelle, Dessin.
Durée des études, 9 ans.

Progymnasium.

Même programme que le suivant
moins la première classe *(Prima)*.
Durée des études, 7 ans.

Gymnasium.

Grec et latin obligatoires, Hébreu (facul-
tatif), Français, Mathématiques, Physique, Histoire naturelle, Histoire, Géographie, Ecriture, Dessin.
Durée des études, 9 ans.

Ecole Polytechnique
ou *Polytechnicum* ou
höhere technische Schule.

Université.

peuvent viser un but plus ou moins éloigné, ils entrent à la Gewerbeschule.

La Gewerbeschule est une école professionnelle préparant aux métiers délicats qui, empruntant beaucoup au dessin, sont peu manuels dans le sens accepté pour cet adjectif. On la désigne quelquefois, en Prusse par exemple, sous le nom de Gewerbliche Zeichenschule (école de dessin professionnel).

Elle comprend un certain nombre de classes graduées. Celle de Hambourg n'offre pas moins de trente-huit cours différents; celle de Gratz en Styrie, partagée entre la construction et la décoration, en possède soixante; celle de Brünn en Moravie, qui fait des ingénieurs, des contremaîtres, et qui est en même temps professionnelle pour la construction, la menuiserie et la serrurerie, en compte plus de quatre-vingts, sans parler de ceux de la Fortbildungsschule; et ainsi de suite.

Le dessin y présente en général les trois degrés: linéaire, géométral et à main levée; le second enfermant dans son vaste programme toute figuration, ornements ou autres, dont l'exécution comporte l'emploi de la règle et du compas; le troisième, ainsi que le nom l'indique, ne recourant plus qu'à la main. L'invention, originale ou par une synthèse nouvelle des éléments qui composent les modèles étudiés, entre pour une part notable dans cette étude.

Quelques-unes de ces écoles professionnelles admettent le modelage, et l'on s'y achemine vers la lithographie, le dessin d'architecture, l'horlogerie, le dessin de machines; nous aurons l'occasion d'en reparler.

La Gewerbeschule est ouverte ordinairement à deux clientèles: la première, dite des Ordnungsmässige (ou réguliers), est composée des élèves dont nous venons de parler, des moins pressés. Ceux-là peuvent la fréquenter régulièrement et y sont obligés; c'est pour eux que sont faits les cours de la journée; l'autre clientèle comprend la population plus âgée, de dix-huit à trente ans et quelquefois au delà, composée d'ouvriers, d'employés, travailleurs quelconques qui ne disposent que de leur soirée ou du dimanche. Pour cette raison et les nécessités de leur état qui varient avec les chômages et les saisons, l'exactitude n'est exigée qu'entre des limites très larges. Ce sont les Hospitanten ou

accueillis. Nos cours du soir, ceux de nos Associations polytechnique ou philotechnique donneraient, s'ils étaient plus
méthodiquement organisés, une idée de l'institution des Gewerbeschulen pour les Hospitanten.

Viennent ensuite sur l'échelle ascendante la Kunst-Gewerbe-
schule (École d'art appliqué à l'industrie ou des arts décoratifs) et la Technische ou Industrialschule (École technique ou
industrielle).

De la première sortent les décorateurs qui, travaillant à domicile, fourniront et exécuteront des modèles pour fabricants, ou
bien deviendront dans la fabrique même des contremaîtres
chargés de la décoration. Il y a là modèles de toute sorte et
cours spéciaux pour maçons, modeleurs, sculpteurs sur pierre
et sur bois, ciseleurs ornemanistes, imprimeurs sur étoffes,
chromolithographes, céramistes, décorateurs en fresques, en
papiers peints, relieurs de luxe, tisseurs, tapissiers, etc.

La dernière école représente à peu près nos écoles d'arts et
métiers avec des élèves plus âgés. Elle forme cette classe nombreuse et intelligente des sous-ingénieurs, conducteurs de travaux, maîtres mécaniciens, etc., qui apportent aux ingénieurs théo-
riciens de l'École technique supérieure l'appoint d'une pratique
suffisamment raisonnée.

Ici seulement se rencontre le travail manuel du bois, du fer
et quelquefois de la pierre, mais dans des conditions à peu près
identiques à celles que présentent nos écoles similaires.

Entre toutes ces écoles : Gymnases divers, Real-, Gewerbe-,
et Kunstgewerbeschulen, circule encore une dernière catégorie,
la moins nombreuse, celle qui fournit des artistes et qui, par une
dernière école, par la Kunstschule (École d'art) aboutit à l'Académie.

Les Écoles professionnelles dont il vient d'être question sont
fréquentées par un nombre considérable d'élèves. Dès qu'une
ville est un peu importante, le chiffre de mille est facilement
atteint. A Hambourg il est en moyenne de deux mille; les classes
même du dimanche, le jour où je les ai visitées, étaient fréquentées par six cents élèves, et l'on était cependant au milieu
de mai, époque où l'abondance du travail réclame partout les
ouvriers, et à cause de cela précisément, morte saison, pour ainsi
dire, des écoles où au contraire ils se pressent en hiver.

La gratuité complète n'existe pas de droit pour ces écoles ; chaque élève est pourvu d'une carte personnelle qu'il est tenu de présenter à toute réquisition ; nulle part, d'ailleurs, je n'ai trouvé trace d'internat, si ce n'est dans les établissements de bienfaisance que le nom d'internat spécifie précisément.

Les enfants des écoles inférieures étrangers à la ville sont ; reçus chez des professeurs au prix de cinq cents à mille marks, soit de 625 à 1,250 francs ; les adultes se casent comme ils peuvent ; j'ai vu sous le péristyle de la Kunstgewerbeschule de Munich une douzaine d'affiches offrant aux jeunes gens logement et pension.

Ainsi pour récapituler, monsieur le ministre, nous pouvons suivre dès à présent chez nos voisins six ordres d'enseignement distincts conduisant à six termes différents qui sont : l'École professionnelle, l'École des arts décoratifs, l'École technique ou industrielle, et, à côté mais plus loin, l'Académie, l'École polytechnique et l'Université.

Enfin une septième partie de la nation allemande, la plus considérable, celle qui va vivre exclusivement et sans retard possible du produit de ses mains, se répand irrégulièrement et se fait à un métier, le plus souvent, pourrait-on dire, comme chez nous, au hasard et selon l'occasion. C'est le grand flot des apprentis et des ouvriers de professions particulièrement manuelles.

Il serait injuste de dire cependant qu'elle soit complètement abandonnée, ainsi qu'il arrive à peu près chez nous, dès la sortie des écoles élémentaires ; loin de là, car des institutions multiples : les Fachschulen (Écoles spéciales ou d'apprentissage) urbaines ou privées, l'Abendschule (École du soir), ou la Sonntagschule (École du dimanche) viennent à leur aide, le plus souvent sous le nom général de Fortbildungsschule (École de perfectionnement) ou de Gewerbliche Fortbildungsschule (École de perfectionnément professionnel).

Celles-ci sont tantôt facultatives, tantôt obligatoires comme dans la Hesse, le Hanovre, la Bavière, jusqu'à la fin de l'apprentissage ; et l'on retrouvera dans chacune d'entr'elles les principes de la Gewerbeschule appliqués le plus souvent à un certain nombre de métiers déterminés. C'est ainsi qu'à Hambourg, Berlin, Munich et dans un grand nombre d'autres villes, en outre de la Gewerbeschule, ou dans cette école même, nous trouverons en plein fonctionnement la Gewerk- ou Handwerk-schule (Ecole de métier) et en particulier Baugewerkschule (École des métiers qui se rapportent au bâtiment). L'Allemagne semble attacher une importance considérable à ce dernier genre d'école, où l'instruction supérieure spéciale est prodiguée aux ouvriers maçons, charpentiers, serruriers, ferblantiers, zingueurs, tailleurs de pierre. Ailleurs, ce sera la Weberarbeitschule (École de tissage), que nous avons trouvée tout à fait remarquable à Crefeld, par exemple, et plus encore à Vienne.

Ici, sous le titre de *Lehranstalt für Textil-Industrie* (Établissement d'instruction pour l'industrie textile), est enseigné régulièrement à cinquante élèves pendant la semaine, et le dimanche à deux cents, dans un vaste et bel établissement nouvellement construit, tout ce qui a trait à cette industrie spéciale, depuis le dessin élémentaire et la peinture, depuis les études au microscope des matières, même non encore employées, jusqu'à la fabrication des hautes lices et des plus riches velours. Il y a dans cette magnifique école vingt et un métiers empruntés à l'Angleterre, à Lyon, à la Suisse, à l'Allemagne, dont la moitié peuvent être actionnés par une machine de six chevaux.

Les écoles de l'importance de cette dernière sont assurément rares ; mais on jugera de l'importance générale qu'on attribue en en Allemagne à la Baugewerkschule (École de construction du bâtiment) lorsque j'aurai dit qu'il en existe plus de vingt chez nos voisins : à Hambourg, Berlin, Dresde, Munich, Stuttgart, Holzminden, Nienburg, OExter, Eckernförde, Buxtehude, Wurzbourg, Nuremberg, Kaiserslautern, Ratisbonne, Chemnitz, Zittau, Plauen, Kœnigsberg, Breslau, et ailleurs encore sans aucun doute.

La plupart sont fondées par les villes, quelques-unes par l'association de la ville et de l'Etat, quelques autres par la seule action de l'Etat, et il en est de privées, c'est-à-dire dues à des associations particulières ou *Vereine*, une des grandes forces de ce pays.

Le nombre total des ouvriers qui les fréquentent n'est pas inférieur à neuf mille.

Un élan dans le même sens et non moins considérable se

manifeste en Autriche ; là ces écoles sont en général des établissements de l'État, par conséquent plus développés d'ordinaire ; nous les retrouvons à Vienne, Prague, Pilnitz, Pesth, Brünn, Gratz, Czernowitz, Reichemberg, Salzbourg, etc.

Je m'empresse de noter, monsieur le ministre, que les femmes ne sont pas oubliées dans ce lacis d'enseignements. Participant déjà aux enseignements élémentaires et, comme nous le verrons plus tard, dans des conditions à notre avis plus rationnelles que celles qui sont faites aux garçons, elles retrouvent leur Realschule dans la Höhere Töchterschule (Ecole supérieure des filles) ou bien elles suivent sur un pied de complète égalité les Fortbildungsschulen, les Gewerbe-, Kunstgewerbe- et Kunstschulen ou encore les écoles de tissage. Quant à l'école technique, elle est remplacée pour elles par la Frauenarbeitschule (Ecole pour le travail des femmes) comme à Vienne, ou par le Frauenerwerbvercin (Société industrielle de femmes).

Je n'établirai aucune comparaison dans ce rappprt, monsieur le ministre, entre la France et les divers pays que je viens de parcourir, non pas qu'il y ait à mon sens une supériorité incontestable d'un côté ou de l'autre, mais par la raison qu'ayant dû, par mission et devoir, examiner avec le plus grand soin et dans leurs détails accessibles les organisations qui nous avoisinent, je les ai toutes, ou à peu près, classées dans mon esprit, tandis que je suis loin d'être aussi instruit à cette heure sur mon propre pays.

S'il ne s'agissait cependant que de me prononcer sur l'enseignement purement d'Etat, ou sur ce qui a trait au travail professionnel tel qu'il est entendu en Allemagne dans les diverses écoles moyennes (Ecoles de perfectionnement professionnel, Écoles des arts décoratifs), l'hésitation ne saurait être longue.

Grâce à notre remarquable unité et à notre extrême centralisation, on ne trouverait chez nous que peu de variation d'un département à l'autre ; chacun sait donc un peu ce qu'est l'instruction nationale, et j'affirmerais alors, réservant bien entendu les établissements projetés, qu'à l'exception de nos trois Écoles d'arts et métiers qui, moyennant quelques réformes, seraient excellentes, ou de nos deux Écoles d'art décoratif, dirigées et fréquentées de façon à prouver qu'il ne leur manque que de la place et de l'argent, et d'un très petit nombre d'autres, je ne vois rien qui rappelle cet ensemble général, méthodique, connexe et serré dans lequel l'Allemagne et l'Autriche se sont enveloppées.

Peut-être sommes-nous moins distancés par les Écoles spéciales d'apprentissage fondées par des initiatives communales, corporatives ou même privées, car nous en pourrions citer beaucoup et d'excellentes à Paris, Reims, Dieppe, Douai, Lille, Rouen, Évreux, le Havre, Nantes, Limoges, Lyon, Besançon, etc. : mais ces sortes d'écoles pullulent, si ce mot convient aux choses utiles, de l'autre côté du Rhin sous le nom de Fachschulen. Leur nombr augmente chaque jour, et j'appellerai bientôt votre attention, monsieur le ministre, sur un résumé de leur ensemble.

Nos voisins doivent à leur ancien état fédératif ces individualités urbaines, qui se traduisent par une vie propre d'abord à chaque ville, mais qui bientôt se généralise par échanges. Déjà, il est vrai, plus d'une plainte se fait jour contre la tendance outrée à la centralisation sur Berlin : mais, tel qu'il se maintient encore, l'esprit local d'union, d'association patriotique et sociale absolument désintéressée est extrêmement vivant en Allemagne. Ce pays, peu républicain, très attaché à son souverain ou à ses souverains dont on voit partout les bustes ou les portraits, ce pays semble en même temps animé de sentiments très démocratiques. La solidarité s'y atteste d'une façon effective sous des formes multiples et toujours sous le nom de Verein (association).

Dans la plupart des villes, qu'elles soient importantes ou médiocres, se rencontrent des fondations dues à quelque Verein : chant, fanfares, gymnastique, infirmerie, secours aux enfants chétifs, orphelinats, instruction populaire, apprentissage, enseignement professionnel, musées industriels, association pour le placement ou le travail des femmes et autres (1).

Tout cela, monsieur le ministre, existe chez nous, mais à l'état sporadique, serais-je tenté de dire : de plus, en grande

---

(1) A quelques lieues de Dresde, dans les bois et les ravins de la Prusse saxonne, ou à Salzbourg, au-dessus des escarpements du Mönchberg, sur la rive gauche de la Salzach, et dans un grand nombre d'autres localités pittoresques, on trouve des percées, des ponts, des points de vue ménagés, des bancs, etc., le tout dû à quelque Verschönerungsverein (association pour l'embellissement), ainsi que les inscriptions l'indiquent.

partie du fait des communautés religieuses ou sous leur influence, tandis qu'en Allemagne et plus encore en Scandinavie, ainsi que nous aurons l'occasion de l'apprendre, ce développement est général, son caractère est exclusivement social; il constitue un bon côté des mœurs.

C'est particulièrement à l'esprit d'association que le travail manuel scolaire, dont ce rapport ne s'est pas occupé jusqu'à présent, doit de commencer à naître en Allemagne. Étant donné d'ailleurs le caractère actif et par conséquent contagieux de l'agent « Verein » chez nos voisins, nous pouvons être certains que ce chapitre nouveau de l'instruction populaire va s'éditer à de nombreux exemplaires, se perfectionner et se répandre.

Pour l'heure, il n'y aurait peut-être qu'à mentionner son existence, la question étant certainement moins avancée en Allemagne que chez nous; de plus, la façon dont elle y est comprise jusqu'à présent ne saurait, je crois, convenir à un enseignement national tel que doit être chez nous celui que la loi nouvelle rend obligatoire.

Cependant, monsieur le ministre, peut-être serez-vous d'avis qu'en culture humaine, et vous êtes le grand cultivateur de nos jeunes esprits, il y a toujours lieu de prêter quelque attention à un bon sauvageon ; car, que ne peut-on espérer de la greffe ? et les Allemands sont bons jardiniers. J'en dirai donc quelques mots.

Comme enseignement, soit communal, soit d'État, le travail manuel scolaire n'existe pas encore en Allemagne, du moins pour les garçons, car il en est tout autrement des filles, et tout à l'heure nous nous appesantirons un peu sur ce dernier.

On pourrait même dire qu'en Prusse, par exemple, l'enseignement manuel scolaire fait moins qu'exister pour les garçons, attendu qu'une décision de la Chambre, prise il y a deux ans, déclarait que s'il n'y avait aucun inconvénient à l'encourager en tant qu'essais d'initiative privée, il y aurait inopportunité à l'introduire officiellement dans l'enseignement.

Ce n'est pas cependant que l'idée n'eût fait un grand chemin dans l'esprit public, car c'est au contraire l'agitation même de la question dans un cercle grandissant d'hommes intelligents qui a provoqué la réponse parlementaire.

Depuis l'année 1870, chez les Allemands comme chez nous, plus d'une idée nouvelle s'est fait jour, et pour plus d'une théorie ancienne l'heure de l'application semble être arrivée. De ce nombre est l'enseignement manuel considéré à la fois comme principe éducatif et comme adjuvant dans l'économie générale. Les *Vereine* (associations) pour le travail manuel devaient donc apparaître et, en effet, voici qu'apparaissent çà et là les *Handarbeitsvereine* (associations pour le travail manuel), les *Handfertigkeitsvereine* (associations pour la dextérité de la main), et autres différentes de noms, mais identiques de principe et de but. Assurément modestes et encore tâtonnantes, elles se sont cependant bientôt mises en relations réciproques; une feuille hebdomadaire de Brême, le *Nordwest*, s'est constituée, pour ainsi dire, leur moniteur, et soit par leur action, soit par des initiatives plus isolées, le travail manuel scolaire donne dès aujourd'hui signe de vie dans un assez grand nombre de villes : à Emden, Brême, Osnabrück, Kiel, Leipzig, Dresde, Görlitz, Waldenburg, Wüste-Giersdorf, Gottesberg, Pforzheim, et autres sans doute. A peine naissant, il tenait un premier congrès à Leipzig, le 3 juin 1882, et ouvrait une exposition.

Ce signe de vie n'est cependant, semble-t-il, qu'une résurrection, une sorte de réveil d'une idée non pas morte, mais paralysée depuis l'évanouissement des fondations successives de Pestalozzi à Neuhof en 1775, puis à Stanz en 1798, et plus tard à Yverdon; ou pour mieux dire ce ne serait peut-être que la reprise des applications dont le duc Pierre de Holstein avait doté son pays dès 1796.

Si les bonnes théories de Rousseau et les meilleures idées nées de notre Révolution franchissaient alors les intervalles comme ferait un grain porté sur des ailes, il n'en pouvait être ainsi des résultats du semis; c'est là œuvre de patience, et la patience fait bien en général de ne pas compter sur la renommée. Le duc Pierre de Holstein est donc peu célèbre, et sans un vieux livre très rare que M. Otto Salomon de Nääs a bien voulu me communiquer, je ne le connaîtrais pas.

Il avait à lui huit mille serfs en 1796 : il les affranchit ; mais pensant probablement que la liberté politique est peu de chose sans l'indépendance individuelle, que celle-ci doit être recherchée dans le développement personnel de l'homme, et pressentant que ces huit mille libérés tenaient encore à la glèbe par l'inertie de l'esprit et l'insouciance des habitudes, il créa des écoles.

L'organisation conçue par le duc Pierre, il y a bientôt cent ans, est telle qu'il y aurait peu de choses à y changer pour l'appliquer avec profit à un certain nombre de nos écoles rurales.

L'instruction y était donnée à la fois par la main et par le livre ; on les appelait *Klüterschulen*, nom dont le radical *Klüter* a sans doute un sens local et qui signifierait à peu près « industrie domestique ». Comme le mot suédois *Slöyd* il dirait donc, à lui seul, ce que le Danois exprime par *Husflid* et l'Allemand par *Hausfleiss*. Quoi qu'il en soit, la *Klüterschule* était partagée en trois classes comprenant six heures d'instruction journalière et dans lesquelles l'étude par le livre, d'abord la plus importante, allait cédant graduellement le temps au travail manuel, d'après le tableau suivant :

	ÉTUDE PAR LE LIVRE	TRAVAIL MANUEL
1re classe (élémentaire) . .	4 heures	2 heures
2me classe (moyenne) . .	3 —	3 —
3me classe (supérieure) . .	2 —	4 —

La création nouvelle visait d'abord les filles. Celles-ci débutaient dans le travail manuel par l'effilage en charpie, le dévidage du chanvre filé, le tissage (toutes choses que j'ai retrouvées, comme nous le verrons, dans les écoles de la Scandinavie, à Upsala par exemple). Les travaux de luxe ne leur étaient permis que comme récompense. Elles prenaient d'ailleurs part aux travaux de jardinage avec les garçons qui, eux, recevaient un enseignement d'arboriculture. Il y avait en outre, pour ceux-ci, un atelier spécial où ils fabriquaient des cuillères de bois, des saulnières, des chaises, des pétrins, des pelles, etc.

La donation du duc en faveur de cet établissement était de trois mille six cents thalers (10,800 francs), somme forte déjà pour l'époque et considérable pour la contrée. A l'origine, les objets fabriqués étaient vendus au profit de l'école et plus tard il fut alloué une part des recettes aux enfants. Cette part était placée à intérêt et remise à chaque titulaire après sa confirmation (1).

En 1828, ces idées prirent une plus grande extension, et l'on fonda seize écoles de filles. Les principaux promoteurs étaient le prince Frédéric-Charles, à Berlin, et le docteur Georgens dans la *Erziehungsanstalt* (établissement d'éducation) de Lévana, près de Vienne. Ce dernier établissement était complété par un immense jardin divisé en trois parties : les produits de la première revenaient au directeur de l'école, ceux de la seconde à l'établissement et ceux de la troisième aux élèves. Les garçons apprenaient à connaître les métaux, leur densité, leur dureté, leurs propriétés chimiques, le degré de fusibilité et la manière de les travailler ; il en était de même du bois. Les connaissances agricoles consistaient dans l'amendement des terres, les engrais, les plantes, les animaux domestiques, etc. Les filles étaient instruites dans l'art de préparer les aliments, de les conserver, de confire les fruits, etc. Les petits enfants faisaient des travaux de cartonnage, de nattage, la peinture des bois, etc.

On trouve ainsi dans ces institutions du duc de Holstein, ou dans leurs dérivées immédiates, les principes des écoles de Pestalozzi, de Frœbel, les écoles ménagères, les écoles d'enseignement manuel, le travail en participation, c'est-à-dire tout ce qu'on peut rencontrer aujourd'hui à côté de l'enseignement par le livre, en Allemagne, en Finlande, en Scandinavie, dans le Hainaut, etc.

Par la faute des gouvernements, ordinairement plus stationnaires qu'initiateurs, il semble être le plus souvent dans le sort des meilleures initiatives isolées de ne jeter qu'un éclat passager. Ainsi en est-il des méthodes d'enseignement. Rousseau, Pestalozzi, Pierre de Holstein sont là pour surabondamment prouver cette vérité, non pas éternelle heureusement, mais tenace, et si l'on examinait de près la théorie, nouvelle à cette heure, de l'enseignement par l'aspect, par la méthode intuitive, par les leçons de choses, et qu'on voulût remonter vers la source,

---

(1) Dans les pays protestants, la confirmation marque seule la fin de l'écolage; c'est une sorte de première majorité avant laquelle garçon ou fille ne peut prétendre à rien.

on arriverait au Morave Coménius que les nations intelligentes se disputaient il y a trois cents ans, et dont le nom est à peine connu aujourd'hui.

Le travail manuel, en tant qu'éducatif (peut-être n'était-il pas assez éducatif), a donc décliné peu à peu en Autriche ainsi qu'en Allemagne et a fini par disparaître. Mais comme c'est aussi le sort des vérités de ne pouvoir périr, il s'est mis alors à germer en Finlande.

De tout temps, dans ces pays du nord, Finlande, Suède, Norvège et Danemark, ou d'ancienne date au moins, le travail manuel à domicile était autant dans les mœurs pour les garçons que le tricot pour les filles. Le père et la mère étaient alors les seuls maîtres de l'esprit et de la main : chaque famille exploitait sa petite industrie domestique, soit pour les besoins de la maison, soit en vue d'un léger profit. Il ne pouvait être d'ailleurs question, pour les garçons, que du travail du bois ; l'outil à peu près unique était le couteau. Résultat imprévu ! le développement de l'instruction publique dans ces contrées devait avoir pour premier effet de supprimer cette ressource intérieure. Le temps disponible était désormais en partie absorbé par le livre, et les parents, s'en remettant dès ce jour à l'instituteur public, se crurent dispensés de toute instruction supplémentaire. La nation ne pouvait certainement rien gagner à maintenir un état de choses auquel perdait chaque famille, et un remarquable esprit finlandais, M. Uno Cygnacus, reprit dans son pays la question du travail manuel scolaire, mais en considérant celui-ci au point de vue éducatif et pédagogique.

Nous aurons à revenir, dans la seconde partie de ce rapport, sur l'état de la question dans le Nord ; il nous suffira de dire ici qu'à peu près simultanément une agitation en faveur du Husflid (industrie domestique) commençait en Danemark, inaugurée par MM. Clauson-Kaas et Rom et soutenue par eux avec persévérance, mais surtout en publicistes, tandis qu'en Suède M. le comte de Sparre, gouverneur de la province d'Elfsborg, MM. Abrahamson et Otto Salomon, M. Mejerberg, inspecteur des écoles de Stockholm, et les hommes les plus intelligents de l'intelligente ville de Göteborg, la faisaient entrer, à Wenesborg et à Nääs, à Stockholm et à Göteborg, dans la période d'expérimentation et en s'efforçant de la plier aux exigences pédagogiques.

Cette application de la main prit ici le nom de *Slöyd*, et comme *slöyda* veut dire en suédois « travailler le bois », il n'était probablement pas question à l'origine de l'étendre à autre chose qu'à la matière qui couvre le pays.

C'est sous la forme du *Husflid* danois ou du *Slöyd* suédois que la question du travail manuel semble avoir reparu en Allemagne. On peut en effet remarquer que les premières ville, qui s'en sont occupées : Kiel, Osnabrück, Brême, Emden, se trouvent voisines du pays d'origine.

Nous rencontrerons donc des *Vereine* pour le développement du *Hausfleiss* (*Husflid* danois), de la *Handarbeit* (travail manuel), de la *Handfertigkeit* (habileté de la main), de la *Förderung des Wohls der arbeitenden Klassen* (pour le progrès du bien-être dans les classes laborieuses), de la *Schülerwerkstatt* (atelier scolaire), de la *Knabenarbeit* (travail des garçons), de la *Draht- und Holzarbeit* (travail de bois et fil de fer), qui, malgré leurs noms variés, diffèrent peu comme programme, et, comme moyen d'instruction publique, restent jusqu'à présent inférieurs aux expérimentations scandinaves dont elles dérivent.

Ce n'est pas cependant que les divers groupes qui s'en occupent ne songent à faire réellement l'éducation manuelle complète et ne pensent avoir trouvé dans le travail matériel, tel qu'ils l'ont organisé jusqu'à présent, le moyen d'associer le développement de la dextérité à celui de l'esprit, du goût et de l'activité. Tous y prétendent consciencieusement, et, dès à présent même, comme au lendemain de la Réforme, si peu nombreux qu'ils soient, il y a plusieurs églises. Les unes concluent à la méthode exclusivement scolaire : ce sont surtout les disciples de l'école suédoise de Nääs, que l'on rencontre à Osnabrück ou bien à Leipzig, avec extension du programme. Les autres pensent que la méthode doit consister en une cote mal taillée entre les exigences pédagogiques et les petites satisfactions de la famille : c'est l'église du *Hausfleiss* ou danoise qui commence à se développer à Dresde (1). Un troisième groupe croit pouvoir mener

---

(1) Elle tend à prendre en Allemagne le nom de méthode de M. Clauson-

de front l'instruction et un travail productif : ce serait l'église
du duc Pierre, transportée surtout en Silésie, — et chaque église
défend très vivement son clocher.

Mais il m'a semblé que les raisons données de part et d'autre
comme objection contre la méthode voisine étaient plus abs-
traites que saisissables et surtout faiblement appuyées de preuves.
Les matières transformées sont les mêmes partout et les objets
fabriqués à peu près identiques.

Les enfants travaillent le bois ordinairement léger, le carton, la
paille ou le jonc ; ils font des brosses ; enfin, dans quelques établissements, il y a un atelier de tailleur et un autre de cordonnier.

On peut ainsi concevoir plusieurs enseignements distincts,
dont les combinaisons trois à trois ou quatre à quatre constituent l'enseignement respectif des écoles d'essai. On y expéri-
mente donc ici ou là sur le bois, le cartonnage, la reliure, la
vannerie, la brosserie, les vêtements et la cordonnerie.

Le bois lui-même donne lieu à trois enseignements pouvant
se désigner par l'établi, le tour et le découpage ; plus rarement
trouve-t-on la peinture, le vernissage et la sculpture sur bois ;
plus rarement encore des essais de modelage : soit une douzaine
d'occupations différentes.

Il faut, bien entendu, y joindre en général un enseignement
du dessin approprié, pour le bois, le modelage et le cartonnage.
Le dessin n'est jamais négligé en Allemagne.

Mais s'il se trouve parmi les objets fabriqués quelques exécutions satisfaisantes, on chercherait, je crois, en vain, à extraire
de leur ensemble une méthode d'enseignement général, qui
puisse se diviser en leçons progressives données collectivement,
ainsi qu'il faudra que cela se fasse chez nous, à quarante élèves
à la fois ou plus.

Voici, par exemple, monsieur le ministre, le programme, par
nom d'objets, des écoles de Silésie qui sont, me semble-t-il, en

---

Kaas. M. Clauson-Kaas, major de cavalerie en Danemark, a d'abord, comme
je l'ai dit plus haut, plaidé, de concert avec M. Rom, la cause du travail
manuel *(Hausflid)*. Pour des raisons obscures, auxquelles on peut toujours
ajouter qu'il est fort difficile d'être apôtre dans son pays, M. Clauson-Kaas a
d'abord transporté son système à Emden sur la mer du Nord ; aujourd'hui, grâce
au *Gemeinnützigkeit-Verein* (Société d'utilité publique) de Dresde, il a inauguré dans
cette dernière ville un enseignement manuel de sept semaines pour instituteurs.

avant-garde dans la voie du travail scolaire non encore frayée en Allemagne ; c'est un résumé de leur lot à l'exposition du congrès de Leipzig dont j'ai parlé plus haut.

1° Travaux de la scie à chantourner *(Laubsägearbeiten)*.

Pieds de lampe, bois de fusil, porte-cigares, écritoires, coffrets de toilette, porte-huiliers, boîtes de jouets.

2° Travaux de menuisier *(Tischlerarbeiten)*.

Petits buffets d'enfants, boîtes à couteaux, saulnières, coffres à charbon, tire-bottes, encriers, cadres, chambres de poupées.

3° Travaux de tourneur *(Drechslerarbeiten)*.

Quilles, portemanteaux, pliants, chaises de jardin, escarpolettes d'enfants, guéridons.

4° Sculpture *(Schnitzerei)*.

Ornements, feuillages, cadres, écritoires, boîtes à clefs, coffrets divers.

5° Vannerie *(Korbmacherarbeiten)*.

Corbeilles à anses, à cerises, paniers à couteaux, corbeilles à couture, à tricot, à papier, paniers à panneaux ouverts pour le marché.

6° Cartonnage *(Pappenarbeiten)*.

Boîtes diverses, corps géométriques, porte-montres, porte-cigares, paniers fermés (1).

Le but principal de ces écoles de travail, dit M. le Dr Götze dans le compte rendu dont il était chargé en qualité de secrétaire du comité local de Leipzig, serait :

1° De mettre le garçon qui va devenir un homme en état de confectionner lui-même pour son ménage tout ce qui est de commodité ou d'embellissement et de se procurer un profit auxiliaire en fabriquant pendant ses heures de loisir des objets utiles ;

2° De développer chez le garçon l'habileté de main en vue de son avenir de travailleur ;

3° De faire que l'ouvrier, ayant appris à s'employer agréablement et utilement, s'attache à son intérieur.

Vous aurez sans doute remarqué, monsieur le ministre, qu'il n'est nullement question ici du travail du fer. La visée principale est l'utilité domestique, le *Hausfleiss*, car le n° 3 rentre

---

(1) Comme nouveau trait d'union avec les anciennes créations du duc de Holstein, la société exploite, au moyen de colons, des jardins et vergers. Elle applique la culture intensive et en tire un profit assez notable.

évidemment dans le n° 1; de sorte que l'habileté dont il est question au n° 2 est nécessairement spécialisée en ce qu'elle est restreinte à ce qu'exige l'exécution des ustensiles usuels. Peut-être donc est-il permis de dire que la méthode est plus empirique que rationnelle; elle ne saurait être utilisée chez nous qu'accidentellement au profit des contrées dépourvues de communications ou que l'hiver isole, et là, précisément, existe déjà le plus souvent une petite industrie locale.

De toutes les villes que j'ai visitées, Crefeld est celle qui semble le plus près de constituer rationnellement l'enseignement du travail manuel. Il n'y est pas encore inauguré pour les garçons, mais les hommes intelligents qui administrent cette jeune et florissante ville, ce Lyon futur de l'Allemagne, mûrissent, ont-ils bien voulu me dire, le projet de l'organiser à peu près selon le programme que la commission chargée par eux de visiter la France a rapporté de notre école, encore récente cependant, de la rue Tournefort.

Pour l'heure, le seul enseignement véritablement manuel qui tend à se développer dans les écoles primaires d'Allemagne est peut-être celui de la culture; il descend des adultes aux jeunes; ainsi nous venons de voir qu'en Silésie l'association pour le progrès du bien-être dans la classe ouvrière s'efforçait de répandre autour d'elle les procédés particuliers de culture intensive. En Silésie encore et en Saxe, les plantations de vignes s'étendent chaque jour; d'autres associations ont fondé des écoles de viticulture. A Dresde même se trouve une école d'horticulture dont le nom, *Flora*, indique la tendance spéciale, tendance qu'explique suffisamment le goût des fleurs que l'on rencontre partout en Allemagne; c'est par le fait une école secondaire plutôt que primaire, et j'en parle ici surtout au point de vue de l'enseignement manuel qui s'y rencontre naturellement plus manuel que dans les autres écoles professionnelles *(Gewerbeschulen)*; elle doit d'ailleurs être classée parmi les écoles véritables, car elle se compose d'une école préparatoire *(Vorschule)* et d'une école de perfectionnement *(Forbildungsschule)*.

Il existe encore un autre genre d'école d'agriculture qui chez nous paraîtra plus singulier: c'est l'école des cantonniers.

On a eu en Saxe l'idée judicieuse, semble-t-il, de choisir, pour border les routes, des essences d'arbres fruitiers. Les cantonniers sont chargés de les cultiver, et ceux de la route de Lœbau rapportent en moyenne 36,000 francs.

Parmi les écoles saxonnes d'agriculture, la plus renommée est celle de Zitschewig établie près de Kœtschenbroda, à quelques lieues nord-ouest de Dresde, sur la ligne de Leipzig, au milieu de coteaux couverts de vignes.

En outre de ces établissements, qui ne peuvent pas être regardés comme primaires, on commence à compter bon nombre d'écoles rurales où les notions d'agriculture sont données au moyen d'un jardin d'école *(Schulgarten)*. Il y a un *Schulgarten* dans la plupart des écoles normales d'Autriche, et en Bavière principalement on pousse vivement à la diffusion de cet enseignement dans les écoles de campagne.

Bien que nous n'ayons, je crois, que peu de choses à emprunter à l'enseignement actuel du travail manuel scolaire pour les garçons tel qu'il est compris en Allemagne, il y a là cependant un mouvement qui commence à s'accentuer, intéressant assurément, et qui mérite au moins d'être observé dans ses progrès. Telle semble être l'opinion du gouvernement prussien lui-même.

Frappé d'abord, comme je l'ai déjà dit plus haut, de ces idées nouvelles et désirant savoir par lui-même à quoi s'en tenir, il avait chargé d'une enquête, il y a trois ans, une commission composée d'hommes considérables (1).

La mission était exactement celle que M. Jules Ferry m'a fait l'honneur de me confier et, par une heureuse coïncidence, nos deux itinéraires se confondent sensiblement. L'impression rapportée fut que l'organisation du travail manuel scolaire telle qu'elle existe en France paraissait trop coûteuse pour que l'Allemagne pût songer à l'adopter ; qu'en Scandinavie elle était trop spéciale au pays ; et que la méthode allemande, digne assurément d'être encouragée, n'était pas encore assez à point pour être introduite comme enseignement d'État (2).

----

(1) En faisaient partie M. Schneider et M. Lüders, directeurs au ministère de l'instruction publique.

(2) A Berlin, on s'est cependant décidé à un premier essai théorique. Dans certaines écoles primaires dont l'*aula* (salle de réunions) peut recevoir facile-

De ce côté-là, monsieur le ministre, je veux dire en ce qui concerne l'enseignement manuel des garçons dans l'école primaire, nous avons un peu d'avance sur nos voisins et il faut nous hâter de nous en réjouir, car je ne vais pas tarder, sinon à constater leur incontestable supériorité dans les autres parties de l'enseignement primaire et professionnel supérieur, du moins à insister, patriotiquement, sur l'état florissant de ces enseignements chez eux.

Avant de passer à cette exposition et de nous forcer peut-être à faire un retour sur nous-mêmes pour nous examiner, il ne peut être que fortifiant d'acquérir la preuve qu'en fait d'enseignement manuel nous sommes en bonne voie, du moins pour les garçons. A cet effet, je transcrirai ici l'opinion de la grande commission royale anglaise qui, en 1881, a fait dans notre pays la même investigation que la commission allemande deux ans auparavant.

Cette commission était composée de MM. Bernhard Samuelson, membre de la Société royale ; Henry Enfield Roscoë, docteur en droit, membre de la Société royale ; Philip Magnus, bachelier ès arts et ès sciences ; John Slagg ; Swermith ; William Woodall, et Gilbert R. Redgrave, secrétaire.

La première partie de son rapport est à la date du 17 février 1882.

Après avoir rendu compte de ses recherches dans les diverses écoles de Paris où le travail manuel est introduit et en particulier de son étude sur l'école de la rue Tournefort, exemple unique, dit-elle, d'une école où le travail manuel appliqué au bois, au fer, au modelage et à la sculpture soit intimement combiné à l'enseignement par le livre, elle conclut ainsi : « Nous regardons comme évident, d'après ce compte rendu, qu'on ne saurait exagérer l'influence que doivent exercer en France les lois nouvelles sur la diffusion de l'instruction ordinaire et supérieure, à la fois littéraire et professionnelle. Le but du gouvernement et des grandes villes de ce pays est clairement de mettre cette instruction aussi pleinement que possible à la portée des ouvriers. L'instruction dans l'emploi des outils, pendant l'âge de l'école élémentaire, outre qu'elle sera utile à chaque enfant, qu'il soit destiné ou non à être ouvrier, tendra dans le premier cas à faciliter l'étude du métier, quoiqu'elle ne puisse pas actuellement raccourcir la période nécessaire à l'apprentissage. Nous serions donc heureux de voir cette sorte d'instruction nouvelle introduite dans quelques-unes de nos écoles élémentaires. »

Cette conclusion n'étant ni allemande ni française, il y a quelques raisons d'admettre qu'au point de vue du travail manuel et en ce qui nous concerne, elle est fondée sur une impression affranchie de parti pris.

Pour en revenir à l'Allemagne, monsieur le ministre, il semblerait que ce fût surtout au travail des filles que dût convenir le programme suivi le plus généralement pour le travail des garçons et qui vise à l'exécution, empirique au besoin, d'objets utiles à la famille. Mais par une sorte de contradiction très heureuse à la vérité, c'est précisément par la méthode la plus rationnelle, et dès lors souvent la moins immédiatement productive, que le travail manuel est enseigné aux filles d'un bout de l'Allemagne à l'autre.

Le talent de la couture avait, parait-il, singulièrement décliné de l'autre côté du Rhin, et je m'étais cru autorisé à écrire dans ma brochure *École primaire et apprentissage*, qui date de douze ans : « Depuis longtemps les Gretchen ont cessé de filer, avant peu elles ne sauront plus coudre. »

Je n'aurais plus ce droit aujourd'hui.

Les autorités ont fini par s'émouvoir, une réaction vigoureuse s'est opérée, le travail manuel est obligatoire pour les filles depuis plusieurs années dans les écoles primaires; de Hambourg à Munich, tricot, couture, broderie, point de marque, coupe, assemblage et confection au besoin occupent les jeunes fillettes quatre heures au moins par semaine, et une heure au moins par jour, les moyennes et les grandes.

Je crois devoir renouveler ici, monsieur le ministre, la restriction que j'ai déjà faite à propos de nos écoles professionnelles supérieures. Il n'entre pas dans ma pensée d'établir une comparaison quelconque entre l'enseignement du travail manuel des filles en Allemagne et celui de nos écoles. Cette réserve m'est commandée par cette double raison que, d'abord, ma compétence dans la matière est, à mes propres yeux, très problématique, et qu'ensuite les données que je possède à ce sujet sont en ce moment très incomplètes en ce qui regarde notre pays.

Cependant, en consultant mes notes sur l'exposition de 1878 et en rassemblant les souvenirs qui s'y rattachent, surtout à propos de l'école normale d'institutrices de l'Yonne, de l'école communale de Champvallon près Joigny, des écoles laïques ou congréganistes des académies de Lyon, de Toulouse, de Clermont, et en particulier de celles de Belfort, je crois pouvoir affirmer qu'il n'y aurait aucune humiliation pour nous à comparer les travaux de nos jeunes Françaises de province, par conséquent, les méthodes qui semblent y conduire, à ce qui m'avait frappé, en 1878, dans les expositions du Canada, du Brabant, de Liège, du Hainaut, de la Flandre orientale, et à ce que j'ai cru voir aujourd'hui dans les écoles primaires allemandes et les écoles normales pour les maîtresses d'ouvrage (1). Mais je ne saurais préjuger de même en faveur des écoles de Paris, qui sont précisément celles que je connais le mieux.

Malgré les efforts notables faits depuis plusieurs années par le Conseil municipal et l'administration pour y relever cette partie de l'enseignement, malgré le zèle et l'habileté du personnel enseignant, on ne peut conclure qu'à une regrettable infériorité. Ce ne peut être évidemment qu'une question d'emploi du temps qui abuserait du livre aux dépens de la main (2).

Ainsi dans toute l'Allemagne, monsieur le ministre, et nous verrons qu'il en sera de même en Scandinavie, les filles de la simple *Volksschule* (école primaire) travaillent manuellement depuis leur début à l'école jusqu'à leur sortie, c'est-à-dire, pour adopter la division du pays, pendant leur six ou sept classes. Voici du reste et textuellement le programme de Hambourg :

TRAVAUX DE FEMMES
But de l'enseignement.

Habileté dans le tricot, le crochet, la couture, la reprise, le raccommodage, la marque du linge, la broderie au passé et la coupe.

---

(1) Il y a en Allemagne des écoles normales *(Seminarien)* pour maîtresses d'ouvrage comme il y en a pour institutrices par le livre.

(2) Depuis que ce rapport est écrit, l'enseignement manuel a progressé dans les écoles de la ville de Paris au point de justifier toutes les espérances.

Division des matières de l'enseignement.

7e classe (début à l'école), quatre heures par semaine : tâche sur une bande de linge, tricoter un bas de coton.

6e classe, quatre heures : tricoter un bas de coton et un bas de laine.

5e classe, quatre heures : tricot, deux heures ; couture, deux heures. Fin de l'enseignement sur le tricotage d'un bas de laine. Étude achevée des exercices de couture sur une bande de toile.

4e classe, six heures : couture, quatre heures ; tricot et noms au point de marque, deux heures. Tâches de couture et raccommodage ; noms au point de marque sur canevas.

3e classe, six heures : couture, deux heures, reprises, raccommodages, boutonnières, deux heures. Coudre des chemises de femme ; pièces à repriser, raccommoder et munir de boutonnières.

2e classe, six heures : couture, deux heures ; crochet et point de marque, deux heures ; repriser et raccommoder, deux heures. Coudre des chemises. Travaux divers au crochet, point de marque sur toile ; repriser ; raccommoder.

1e classe, six heures : couture, deux heures ; repriser, raccommoder, deux heures ; broder, deux heures. Coudre des chemises ; noms au point de marque sur toile, broder des noms ; repriser et raccommoder. Tricotage et remmaillage, broderie en blanc, leçons de coupe.

L'enseignement relatif à ces divers travaux est le plus souvent donné d'une manière collective, ainsi que j'ai pu le constater de mes yeux depuis Crefeld, Elberfeld et Hambourg au nord, jusqu'à Munich au midi, et c'est un grand point ; car il ne faudrait pas songer, qu'il s'agisse des garçons ou des filles, à donner un enseignement manuel individuel dans les classes de quarante et quelquefois de plus de soixante enfants.

Je prendrai deux exemples : le tricot enseigné aux petites filles, la coupe et l'assemblage enseignés aux grandes.

Dans le premier cas, la maîtresse d'ouvrage est debout sur son estrade, tenant à la main de grandes aiguilles en bois, très visibles, et ayant à côté d'elle un peloton de grosse laine.

Chacune des quarante fillettes est munie d'un jeu d'aiguilles ordinaires, d'un peloton de laine placé d'une manière identique, et regarde la maîtresse.

Tout en donnant au fur et à mesure les explications nécessaires, celle-ci fait lentement le premier nœud, l'enfile et donne à ses doigts, aux aiguilles et à l'aiguillée la position de commencement.

Toutes l'imitent en y mettant le temps ; les moins habiles regardent au besoin et imitent leurs voisines ; elles sont interpellées et guidées par la maîtresse ou par l'adjointe qui a les yeux sur elles. Bientôt toutes les quarante sont dans une position identique et attendent le mouvement suivant.

J'ai appris là, monsieur le ministre, que la maille à l'endroit exige quatre opérations et la maille à l'envers cinq. De là par conséquent un exercice en quatre temps ou en cinq, pour chacun desquels la maîtresse exécutait, avec explications, l'un quelconque des mouvements de la façon que nous venons d'expliquer pour la mise en position.

S'il ne s'agissait ici que d'impressions de voyage, on pourrait tenir pour puéril que j'insiste un peu sur la manœuvre au tricot de quarante fillettes commandées par leur maîtresse : mais il y a là une question intéressante de méthode pédagogique au point de vue d'un enseignement manuel qui doit être forcément collectif : j'en ai été vivement frappé, je dois donc trouver nécessaire d'aller jusqu'au bout.

Le premier mouvement consiste à passer la seconde aiguille de droite à gauche dans le premier nœud : en allemand cela se dit *linksstechen ;* dans le deuxième, on tourne le fil autour de l'aiguille, ce qui se dit *umschlagen ;* au troisième, on saisit le fil : *durchholen ;* enfin, rabattre et serrer la maille, c'est *abstechen.*

La maîtresse exécute toujours lentement et à plusieurs reprises la première opération, en faisant répéter isolément à droite, à gauche et à haute voix ce qu'elle vient de dire ou de faire, et lorsqu'elle suppose les explications suffisantes elle commande : *linksstechen !* Les quarante fillettes passent l'aiguille de droite à gauche, restent immobiles et l'on inspecte. Autant pour les trois mouvements qui suivent, et les quarante mailles sont faites.

Plus tard chaque fillette explique en chaire et commande à son tour ; vient ensuite l'exercice collectif avec l'énoncé en chœur de chaque mouvement ; puis l'exercice à temps par lequel on précipite de plus en plus l'exécution, puis la décomposition du bas en cinq parties, puis la diminution, etc.; et à chaque fin de leçon, bien entendu, le peletonnage, le rangement, la mise en ordre du travail.

Je sais bien, monsieur le ministre, qu'en France ou plutôt à Paris le tricot n'est pas en honneur, c'est plutôt la pantoufle en tapisserie. On donne à cela plusieurs raisons, dont la dominante serait que les bas au métier étant à bien meilleur marché, il n'y a aucun bénéfice à tricoter. Au point de vue de l'industrie cela est absolument vrai, comme de la dentelle et des chemises et de tout à peu près, mais faux, non moins absolument, au point de vue de la famille. Le tricot est dans le travail des femmes ce qu'on appellerait en culture une récolte dérobée : c'est l'utilisation des nombreux moments qui sans lui seront perdus.

Nos paysannes sont certes aussi occupées que les femmes des villes ; cependant chacune a dans sa poche, ou du moins, dans plusieurs de nos provinces, chacune a encore dans sa poche un tricot qui en sort et avance à tout instant, en se reposant, en causant, en allant au marché le panier au bras ou au retour le panier sur la tête.

Grâce à lui, monsieur le ministre, il n'est pas un matelot de nos côtes qui n'ait dans son sac plusieurs paires de bons bas de laine tricotés par sa mère ou par sa femme, et s'il avait fallu les acheter du métier, si bon marché qu'ils fussent, il ne les aurait pas.

Il en serait autant de sa mère elle-même, de sa femme, de ses jeunes enfants ; enfin, dans notre dernière et trop rude guerre, les femmes de Bretagne, dont les aïeules avaient filé pour Messire Bertrand Duguesclin, ont pu, à leur tour, tricoter des bas de laine pour nos malheureux soldats ; et si, des bas au gilet, chaque femme de France avait su en faire autant, toutes auraient la joie de pouvoir se dire qu'elles ont conservé la vie à plus de mille enfants du pays qui sont morts du froid pendant et depuis.

Où étaient donc en ces durs moments les bas et les gilets au métier ?

L'industrie est certes chose admirable, c'est l'expression variée à l'infini et l'application utile du génie humain ; mais elle a le défaut de cuirasse de tout mécanisme, de tout fonctionnement artificiel : enlevez-lui une seule de ses conditions nécessaires, une simple cheville, le voilà pour longtemps improductif et laissant misérable l'homme imprévoyant qui, abdiquant désormais toute utilisation personnelle, s'est d'avance annulé.

L'esprit de la méthode dont nous venons de nous occuper se retrouve dans l'enseignement de la couture. Ici, à des cadres d'un mètre carré est fixé un canevas formé de grosse laine à deux couleurs dont l'une indique la trame et l'autre la chaîne, et c'est à travers ces mailles qu'une longue aiguille en buis, enfilée d'un cordeau de couleur tranchante et visible de toutes, opère le remmaillage, les reprises, etc.

Quant à la coupe et à l'assemblage, l'enseignement, toujours collectif, confine davantage aux excellentes méthodes de MM^{mes} Grandhomme, Scheffer, etc., usitées à Paris. Il est cependant, je crois, plus synthétique, beaucoup plus détaillé, et suppose la connaissance parfaite de tout ce qui a trait à la couture. Il est d'ailleurs, comme le cours de broderie, toujours précédé, accompagné de leçons de dessin linéaire, géométral, et à main levée.

Chaque élève est pourvue d'un cahier extrêmement bien tenu sur lequel sont très soigneusement écrites à droite les explications relatives à chaque sorte d'exécution, tandis que le feuillet de gauche reproduit en face les dessins qui s'y rapportent, non moins soigneusement exécutés. C'est le futur bréviaire de couture des élèves, elles les conservent toutes avec un véritable attachement et ne s'en dessaisissent pas.

Autant qu'il m'est permis de me prononcer sur les travaux scolaires de filles, je dois dire que j'ai trouvé partout leur exécution moyenne, entre six et quatorze ans, remarquable au point de me causer un profond étonnement. Quant à certaines exécutions exceptionnelles qui n'étaient plus primaires, j'ai pu examiner à Elberfeld, par exemple, la corbeille d'ouvrages, non lavés et obligatoires, présentée aux examens de Cassel par une jeune maîtresse, élève de l'école professionnelle (privée) pour femmes et jeunes filles, dirigée par Mlle Marie Saro. Il y avait là, d'un bout à l'autre, l'affirmation d'un don personnel qui prolongeait singulièrement l'intérêt. A Berlin, Mlle Rossel, maîtresse d'ouvrage à l'école normale ainsi qu'à l'école Augusta, et directrice en même temps d'une école privée, m'a fait voir les travaux d'une demoiselle qui en huit mois d'apprentissage en était arrivée à un absolu de perfection difficile à concevoir ; mais elle mourait à vingt-quatre ans.

A Vienne, Munich, Carlsruhe, Stuttgart, partout enfin le travail manuel des femmes est l'objet des plus grandes préoccupations tant de la part de l'État ou des villes que des unions privées. J'ai pu juger un peu de l'importance qu'on y attache par l'exposition bavaroise de Nuremberg, et en particulier par la bannière symbolique que l'école normale du travail des femmes de Munich avait envoyée et qui flottait sur l'étalage de sa corbeille.

C'était un rideau à encadrements richement brodés ; un important motif central figurait une sorte d'F allongé, capricieusement enguirlandé, du bas au faîte, de soutaches et de fleurs en broderie comme d'une plante sarmenteuse. La branche horizontale s'étalait en abri, au-dessous duquel travaillaient deux femmes et un groupe de jeunes filles ; là régnait la tranquillité.

Le long de la tige de l'F s'enroule et monte un monstre qui regarde ces femmes les yeux ardents, la gueule ouverte : mais une sorte de Saint-Georges, casqué d'un dé, armé d'une longue aiguille comme d'une lance, le combat d'en haut et va le rejeter loin de la famille.

Dans l'angle étaient brodés, admirablement brodés, en lettres de couleurs variées, dix-huit vers dont voici la disposition et la traduction :

> O aiguille des femmes,
> Que l'œil suit avec tant de charmes,
> Comme tu te presses, comme tu voles, comme tu luttes avec constance
> Contre l'attaque de la misère! Avec quelle activité
> Les mains vigilantes conduisent la lance pacifique!
> Ainsi que le tranchant de l'épée
> Poli et azuré,
> Brille cet instrument de l'honneur,
> L'aiguille de la femme.
> Toi, glaive, tu détruis :
> L'aiguille est créatrice,
> Et la gloire appartient
> A la force productrice.
> Comme le fil la suit dans ses élans joyeux !
> Par elle tout dommage se répare,
> Qu'il soit ancien ou d'hier,
> Et c'est avec une consciencieuse activité qu'elle fait œuvre nouvelle.
> O femmes, ne séparez jamais vos doigts
> Du gracieux symbole, il vous va si bien (1).

---

(1) A Munich, l'École du travail des femmes parcourt un programme qui s'étend jusqu'aux confections les plus élégantes. Il y avait à cette exposition de Nuremberg une magnifique robe à traine en satin jaune et couverte de

En Bavière, en Wurtemberg, dans le grand-duché de Bade on s'efforce dès à présent d'introduire le travail manuel des femmes dans les écoles rurales en même temps que le jardinage pour les garçons.

Bien que les méthodes rationnelles appliquées à un même enseignement ne puissent que se ressembler, il y a ici, dans celles que l'Allemagne emploie, une telle analogie que l'on est tenté de les rattacher à une origine commune. Si je ne me trompe, et en tenant comme d'un grand poids les déclarations de plusieurs maîtresses d'ouvrage, il faudrait attribuer à MM^{lles} Schallenfeld la première organisation en Allemagne et la première publication de la méthode telle qu'elle est suivie aujourd'hui, au moins en grande partie ; je dis en grande partie, parce que les femmes distinguées qui ont succédé aux demoiselles Schallenfeld depuis vingt ans à peu près dans les écoles d'État de Berlin, n'ayant pu naturellement trouver la méthode parfaite, se sont crues tenues d'y ajouter les perfectionnements nécessaires. Autant peut-on en dire d'un assez grand nombre de femmes certainement distinguées aussi et autorisées par leur propre valeur à mettre quelque chose d'elles-mêmes dans les préceptes généraux ou particuliers.

C'est pour cette raison qu'en outre des livres et des planches de MM^{lles} Schallenfeld, on trouve en Allemagne les méthodes de Mlle Emmy Rossel de Berlin, à Cassel la publication plus récente encore de Mlle Legorgu, à Vienne celle de M. Martin Godei ; nous trouverons plus tard en Norvège la méthode non moins bonne de Mlle Rossing, directrice à Frederickstadt, d'autres encore ; et enfin dans les établissements divers on pourrait signaler les nuances par lesquelles se traduit l'originalité propre aux directrices ou maîtresses d'ouvrages (1).

---

fleurs et de dentelles. Mais elle n'aborde pas les productions qui confinent à l'art, ainsi que 'e font nos remarquables écoles Lemonnier, celle du Xe arrondissement, ou de Mlle Chervin. Ces travaux restent du domaine de la *Gewerbeschule* (école professionnelle).

(1) De ce côté notre pays n'est pas en arrière ; dès 1849 Mme Cécile Regnard, aujourd'hui inspectrice, publiait chez Hachette un excellent manuel de couture, aussi complet que les précédents quoique plus élémentaire ; et, sans parler des ouvrages connus de MM^{mes} Grandhomme ou Scheffer, nous pourrions citer

La mission dont j'étais chargé se rapportant au travail
manuel, je n'aurais obligatoirement rien à vous rapporter,
monsieur le ministre, sur l'enseignement par le livre ; j'avais
du reste trop à faire avec l'objet principal pour qu'il m'eût été
loisible d'étudier à fond l'organisation de l'autre partie de
l'enseignement primaire. Néanmoins, dans mes visites aux
écoles, les directeurs me faisaient parcourir la maison ; ils
insistaient très obligeamment pour que j'assistasse au cours
du moment ; j'ai donc recueilli par surcroît plus d'une informa-
tion que je ne cherchais pas, et des impressions dont il est
peut-être bon que je laisse quelque trace dans cette partie générale de mon rapport.

Les bâtiments d'école, lorsqu'ils sont anciens, rivalisent tout
au plus avec les nôtres. L'excellente école normale pour maîtres
et maîtresses de Hambourg, par exemple, avec écoles annexes,
quoique n'ayant, suivant la règle allemande, qu'un directeur
unique (jamais une directrice), est établi dans des locaux
séparés, de l'apparence et de la commodité la plus médiocre.
On lui prépare à la vérité une sorte de palais qui pourra
rivaliser avec celui de la Gewerbeschule et n'aura peut-être
rien à envier à bon nombre d'habitations princières.

De même en est-il pour plusieurs écoles de Berlin et d'ailleurs.
Mais là où celles-ci sont de construction nouvelle, il semble
qu'on n'y ait rien épargné, pas plus les convenances intérieures
que la beauté (peut-être un peu uniforme) des façades (1).

J'avais souvent entendu dire qu'on ne savait où avaient
passé les cinq milliards de notre dure contribution ; mais depuis
que j'ai vu les établissements scolaires de tous degrés qui
ont surgi en Allemagne depuis moins de dix ans, je crois
savoir où a dû passer une fraction notable de cette somme
énorme, et certes nos voisins ont su lui donner le meilleur des
placements.

---

le livre de Mme W. Cocheris : *Pédagogie des travaux à l'aiguille,* récemment
édité chez Delagrave. Il résume clairement, avec d'autres méthodes, la plupart de celles que j'ai vu employer.

(1) En Allemagne, la plupart des constructions sont en briques rouges,
quelquefois revêtues de ciment, et offrent, quoique avec beaucoup moins
d'accent, la forme de notre belle caserne du parvis Notre-Dame.

Quant aux procédés pédagogiques que j'ai pu saisir au passage, ils m'ont paru partout empruntés aux meilleures méthodes.

Voici par exemple le type à peu près général de l'un d'eux :

Le maître pose lentement cette question d'histoire: « A quelle date, en quel lieu, le grand Germain Hermann a-t-il défait Varus le Romain, et délivré la patrie ? »

La question est suivie d'un silence général assez prolongé, pendant lequel chacun cherche et coordonne sa réponse.

Le maître, après un instant : « Schneider ! »

Schneider se lève comme par ressort, les bras croisés, la tête haute, et répond d'une voix retentissante, nettement articulée, et en répétant le plus possible la phrase du maître :

« Le grand Germain Hermann a défait Varus le Romain et sauvé la patrie en... » etc., etc.

« La tête plus haute, dit au besoin le maître ; regardez-moi de face, tenez-vous plus droit, parlez plus haut encore, articulez correctement, vous prononcez mal *Vaterland* (patrie). Recommencez. »

Les écoliers contractent ainsi de bonne heure l'habitude de la réflexion, un ton d'assurance qui, finissant par donner la confiance en soi, devient, sinon une qualité absolue, du moins une force, et l'on comprend aussi pourquoi la langue allemande, si elle n'est pas parlée sans accent local dans toute l'étendue de l'Empire, est partout remarquablement articulée.

Je viens de prononcer le mot de « méthode » à laquelle seraient empruntés les procédés généraux ; c'est qu'en effet, à la façon dont enseignent les instituteurs, à la gravité, à l'espèce de solennité qu'ils apportent dans leur enseignement, on pressent rapidement qu'il y a chez eux une doctrine et entre eux un esprit d'école. Ils paraissent du reste avoir tous une idée très haute de leur importance, mais aussi, je dois le dire, de leurs devoirs. Le formalisme allemand semble, à la vérité, s'étendre jusque dans leurs relations réciproques, mais par un de ses bons côtés. Ainsi jamais le directeur ne m'a introduit dans une classe sans avoir frappé discrètement à la porte et sans me présenter poliment à son adjoint en lui expliquant le but de notre visite. C'était en tout cas une leçon d'urbanité en action qui ne devait pas être perdue pour le jeune auditoire qui nous considérait.

Tout cela s'explique un peu dès que l'on sait que ces maîtres proviennent non seulement d'écoles normales très bien dirigées, mais que plusieurs d'entre eux ont passé par l'université et sont philologues ou docteurs en philosophie.

Il semblerait, malheureusement pour l'avenir du travail manuel scolaire en Allemagne, que les études de linguistique lui soient un peu antagonistes. Ainsi, tandis que les chefs des industries les plus variées ou les hommes de gouvernement y souscrivent, les premiers sans réticence, les seconds sous la seule réserve financière, lorsque les esprits les plus réfléchis, les plus éminents, les plus habitués à dégager l'inconnu, — et je pourrais citer entre autres MM. Förster, directeur de l'Observatoire de Berlin, et Gülden, directeur de celui de Stockholm, — lorsque de tels hommes hâtent, me disaient-ils, de tous leurs vœux, l'avènement de l'enseignement manuel et renouvellent ainsi les opinions puissantes de Condorcet et de Monge, les philologues, au contraire, restent perplexes.

L'idée, nouvelle pour la plupart d'entre eux, les frappe assurément, mais ils se retranchent en général dans l'indécision et répondent, le plus poliment qu'ils peuvent, non cependant sans un petit orgueil latent: « Je ne saurais me prononcer en connaissance de cause sur cette question de l'introduction, dans l'enseignement, d'une branche qui vise aussi étroitement les exécutions matérielles; car avant tout je suis philologue. »

Ce mot, monsieur le ministre, m'amène naturellement à transcrire ici, comme se rapportant directement au sujet de ce rapport, un incident important d'une des séances de la Chambre des députés prussienne (23 janvier 1879), séance dont l'ordre du jour comportait précisément la discussion sur la situation de l'instruction publique.

Un député, M. le Dr Miquel, s'exprimait à peu près ainsi:

« Messieurs, après la Réforme nous n'étions que théologiens ; à présent, de par nos universités, nous ne voulons être que philologues. Dès lors où ferons-nous des hommes capables ? Nulle part, si nous ne créons des écoles professionnelles *(Gewerbeschulen)* provinciales.

» Tandis que depuis 1845 en Hanovre, en Hesse, les apprentis des corporations sont astreints à fréquenter les écoles de perfectionnement *(Forbildungsschulen)*, en Prusse rien encore; et cependant les fonds ont été votés pour cela, une loi a été édictée; mais les villes en ont fait si peu de cas qu'on a été obligé d'appliquer ces sommes à des écoles d'agriculture. Comment veut-on que les parents envoient leurs enfants se perfectionner dans une ville éloignée? alors ils les détournent des métiers et en font des marchands. Les associations *(Vereine)* ont fait à la vérité quelque chose (1), mais les communes et l'État rien! » *(Approbation.)*

M. Lüders, conseiller intime et commissaire du gouvernement, répondait :

« Quand je pense qu'en Prusse nous avons plus de quarante mille élèves fréquentant les écoles professionnelles *(Gewerbeschulen)*, dix mille en Wurtemberg dans 153 de ces écoles, et que de plus l'enseignement de l'école de perfectionnement *(Fortbildungsschule)* compte à son service plus de mille établissements, je conclus à l'injustice du reproche qui nous est adressé.

» Il n'y aura certainement jamais assez d'écoles en question, mais il ne faut pas s'illusionner. Elles ne reçoivent à Berlin que cinquante mille marks (62,500 francs) par an pour cinq mille écoliers. A Hambourg, la *Gewerbeschule* communale reçoit en moyenne dix-huit cents élèves à raison de sept heures au moins par semaine. Elle a coûté deux millions cinq cent mille francs et coûte en plus par année soixante-deux mille cinq cents francs en y comprenant la *Fortbildungs-* et la *Baugewerkschule* (école de perfectionnement et de construction). A ce taux, comme trois de ces écoles ne seraient pas de trop à Berlin, il faudrait commencer par porter notre subvention annuelle à cent quatre-vingt-sept mille cinq cents francs.

» Si nous passons au Wurtemberg, qui compte seulement un million huit cent quatre-vingt-un mille habitants, il dépense six cent soixante-seize mille six cent soixante-cinq francs pour les seuls enseignements professionnels : or, en Prusse, la partie de budget commune au ministère du commerce et à celui de l'instruction publique ne comporte que deux millions deux cent un mille cinq cent quarante francs applicables à cette instruction spéciale, en y comprenant même l'École et l'Académie des mines ainsi que l'Institut géologique. Si donc nous voulions rétablir la proportion entre les budgets correspondants et les populations des deux États, il nous faudrait, à raison de vingt-six millions d'habitants, une subvention de sept millions de francs.

» Passons à la Suisse, nous verrons Zurich consacrer sept cent

---

(1) Dans ce rapport, destiné peut-être à la publicité, je ne puis paraître ou laisser ignorer que, chez nous aussi, un grand bien est dû à la remarquable et persévérante initiative d'une association privée, l'Union des Arts décoratifs. On peut faire remonter son origine à plus de vingt ans. Le bien qu'elle a fait, *sans aucun encouragement de l'État*, et celui qu'elle est appelée à faire ne sauraient s'évaluer.

mille francs à la construction d'une école d'apprentissage et d'un musée pour l'industrie de la soie auxquels est allouée en outre une subvention annuelle de cinquante mille francs.

» Lyon dépense quatre cent mille francs pour un musée et une bibliothèque ; enfin chacune des écoles de Châlons, Aix et Angers coûte à la France trois cent soixante mille francs par an.

» Je ne puis oublier non plus que les Français m'ont dit et répété ceci : « C'est en vain que vous construisez les voies ferrées et les ports, » en vain que vous avez la main-d'œuvre à bon marché : peine per- » due, si vous n'avez pas des écoles ou des musées, si vous ne vous » lancez pas dans la voie que notre nation et ses représentants » poursuivent depuis trois cents ans et si, comme nous, vous n'éle- » vez pas sans cesse le niveau de l'industrie dans votre pays. »

» Mais il nous est impossible de suivre ce conseil, de nous tirer d'affaire et de contenter le désir de M. Miquel que, certes, nous par- tageons tous, avec un budget de deux millions deux cent mille francs. » *(Applaudissements.)*

Ces applaudissements, monsieur le ministre, paraissent avoir eu mieux qu'une suite platonique, car les choses ont notablement changé depuis quelques années.

Ainsi que je l'ai dit plus haut, il n'est plus en Allemagne une seule ville un peu importante qui ne possède les écoles réclamées par M. le Dr Miquel et désirées par M. le commissaire et conseiller du gouvernement Lüders aux applaudissements de toute la Chambre. Les écoles de perfectionnement pour apprentis et ouvriers, les écoles professionnelles à enseignement multiple, les écoles de métiers, les écoles des arts décoratifs, le tout pour les deux sexes, les écoles industrielles techniques pour hommes, les écoles de travail pour les femmes, sont sorties de terre accom- pagnées d'autant de musées séparés, professionnels, techniques, ou d'art appliqué à l'industrie ; et je ne parle pas des dévelop- pements donnés aux académies de Munich, de Carlsruhe, de Düsseldorf, aux écoles polytechniques, qui ne rentrent pas dans mon sujet.

Il ne semble pas, de plus, que la faveur ait sensiblement pesé sur le choix des hommes appelés à prendre la direction des nombreux établissements que l'on créait ainsi. J'ai rencontré partout des hommes extrêmement intelligents, fort pénétrés de l'importance de leur mission et parfaitement en état de la rem- plir. La plupart, ayant d'ailleurs passé dans notre pays un nombre d'années plus ou moins grand, transportent naturellement dans le leur tout ce qu'ils ont trouvé de bon chez nous. On rencontrerait donc dans les modèles, dans les bibliothèques de leurs écoles, les reproductions des œuvres de nos dessinateurs, peintres et sculpteurs les plus renommés, ou les meilleurs de nos ouvrages d'art appliqué à l'industrie, et dans leurs musées d'études on renouvelle connaissance avec les originaux les plus élégants de nos fabricants et de nos artistes, soigneusement classés par sortes et par époques; ils appliquent donc la loi économique qui conseille les échanges libres entre nations civilisées et qui, sur un point donné, profitent naturellement à celles qui trouvent le plus à emprunter.

Nous pouvons peut-être nous faire une idée exacte de ce grand mouvement par ce qui se passe à Berlin même, et si je choisis Berlin c'est que, si l'on se rappelle les plaintes de M. le Dr Miquel et les souhaits de M. Lüders, c'est la Prusse qui serait en arrière des autres États de l'Allemagne.

Berlin n'avait pas en effet d'école de métiers *(Handwerkerschule)*, et son musée industriel était établi tant bien que mal dans les bâtiments de l'ancienne manufacture de porcelaine.

Aujourd'hui l'école des métiers est mieux que créée, elle est prospère; et pour qu'il fût bien entendu qu'elle était créée on n'a pas attendu que l'édifice promis fût en état de la recevoir : on l'a très incommodément, mais très opportunément disséminée par force majeure en trois groupes de bâtiments non contigus, et malgré leur distance respective on les a confiés à un directeur unique, mais d'élite, au fondateur de l'école de Hambourg, à M. le Dr Jessen, dont les émoluments ont été fixés à 15,000 francs, en attendant mieux.

L'école avait dix-huit mois de date lorsque je l'ai visitée le 2 juillet 1882 ; elle comptait 665 élèves en été, 780 en hiver, et sa population s'est accrue de 200 élèves dès la seconde année. J'ai pu y voir, guidés par des hommes de métier, mais très supérieurs à de simples exécutants, j'ai pu y voir à l'œuvre : lithographes, ciseleurs, graveurs, tapissiers, décorateurs, ébénistes, mécaniciens, ferblantiers, tailleurs de pierre, etc.

Et cette école n'est plus la seule de son espèce : en outre

de sa pareille de Hambourg, dirigée aujourd'hui par un homme
très distingué, M. Stuhlmann, dont la méthode de dessin professionnel est adoptée dans une grande partie de l'Allemagne (1). on
la retrouve à Iserlohn, à Remscheid plus spécialisée pour la
fabrication des outils, à Gretzhausen pour la céramique, à Crefeld,
à Mulheim, à Harran près Francfort, développée surtout comme
dessin en vue des industries de la soie et de l'orfèvrerie.

Quant au musée d'arts industriels *(Kunstgewerbemuseum)*,
médiocre encore et relégué il y a peu, il possède, dès aujourd'hui,
son palais et constitue certainement, pour les esprits sérieux,
l'un des intérêts de Berlin.

Conçu dans l'esprit de celui de Vienne, mais très élargi, une
fois entré on peut se croire à Florence. Très riche déjà, il accroît
chaque jour ses collections diverses sous les préoccupations intelligentes et toujours tendues de M. Lüders, directeur des beaux-arts,
et de **MM.** Grunow et Lessing, le premier, directeur général,
le second, directeur des collections. Comme partout, une école
professionnelle mixte des arts décoratifs lui est annexée, et ne
compte pas moins de mille élèves des deux sexes.

Je n'entrerai pas ici dans une description détaillée de ce remarquable établissement, mais sans doute n'est-il pas hors de propos
de consigner dans ces pages une remarque qui dénote bien l'esprit
pratique des Allemands et en même temps la qualité, si c'est là
une qualité, un peu inverse du nôtre.

Comme je félicitais sincèrement ces Messieurs de la richesse
des collections et de l'heureuse disposition de toute chose :
« Oh, me répondit l'un d'eux, vous êtes bien plus riches que
nous, et nous ne pouvons songer à rivaliser avec Sèvres, les Gobelins, le musée de Cluny, le Conservatoire des arts et métiers, etc. ;
mais pour la disposition c'est autre chose. J'ai visité par
exemple avec soin votre musée de Cluny et je suis resté émerveillé, mais le plus souvent à distance, par effort d'attention et
de déduction : on n'y voit presque pas, il faut tout deviner.
Vous avez des trésors noyés dans l'obscurité des frises, dans une
cage d'escalier, d'un escalier du temps il est vrai, ou dans les

____

(1) Les appointements de M. Stuhlmann sont de 11,000 francs, plus un
magnifique logement.

demi-jours de salles mal éclairées, mais éclairées par des baies, fenêtres, vitraux du temps. Ce qui est surtout respecté, c'est l'hôtel du
temps, et tout le reste lui est sacrifié. Si encore on pouvait décro-
cher et s'il y avait quelque part une salle un peu lumineuse où
l'on pût étudier à loisir et copier tout ou partie d'un Palissy,
d'un émail de Limoges, d'un ivoire de Venise, passe: malheureusement non, vous êtes satisfaits, comme l'avare, d'avoir là un trésor,
mais vous vous gardez bien de vous en servir(1). Ici, monsieur, nous
avons un musée qui ne fait pour ainsi dire que commencer, mais
nous y avons aussitôt annexé une école des deux sexes qui compte
mille élèves avec cours de dessin, de modelage, d'aquarelles, etc.;
des salles construites à destination spéciale d'études ou d'exécution, une riche bibliothèque, et tout ce que vous voyez ici;
dans ces quarante salles, est mis à la disposition des étudiants. »

En condensant suffisamment les idées ci-dessus, il semble que
cela pourrait bien vouloir dire que nous autres Français, nous
nous ingénions à faire aussi peu que possible avec d'immenses
ressources, et que les Allemands ne désespèrent pas de résoudre
le paradoxe de faire beaucoup avec peu de chose.

Si l'organisation partielle qui vient de nous occuper est déjà
frappante, elle le devient bien davantage lorsqu'on l'a vue fonc-
tionner toujours identique à elle-même à Hanovre, Hambourg,
Leipzig, Dresde, Vienne, Munich, Nuremberg, Carlsruhe, etc.

Mais il y a, par surcroît, à Berlin, une section dont la valeur m'a
paru hors ligne, c'est la collection des modèles d'étoffe due tout
spécialement à M. le D\u02b3 Lessing.

Par pièces intactes, morceaux rajustés, lambeaux ramassés,
chiffons trouvés dans les églises, les châteaux, les masures,
M. le D\u02b3 Lessing a collectionné, reconstitué, catalogué plus de
dix mille modèles d'étoffes de tous pays et de toute époque.
Chacun d'eux est fixé sur une feuille de carton blanc de
cinquante centimètres à peu près sur trente-cinq. Parfois l'un
de ces cartons porte tout au plus un centimètre carré de

---

(1) Chargé, à mon retour d'Allemagne, d'organiser l'École normale (éphémère)
de travail manuel, j'avais engagé le maître tourneur à se rendre au musée de
Cluny et à y relever, avec cotes, des balustres de différents styles : il rencontra,
de la part des gardiens, défense absolue et fut menacé d'expulsion.

l'étoffe véritable, c'est tout ce qu'on en possède; mais l'étude, la comparaison, la patience allemande ont restitué ce qui manque, et le pinceau, conservant non seulement la couleur mais l'aspect du tissu par la trame et la chaine, achève le motif complet en véritable trompe-l'œil.

Pendant que M. le Dr Lessing étalait à mon choix et m'expliquait avec la plus grande obligeance une succession de ces précieux cartons, six jeunes femmes, assises à des tables commodément installées comme disposition et lumière, reproduisaient à l'aquarelle des modèles de la collection.

« Ce sont des élèves de votre école qui étudient? » demandai-je à M. Lessing.

« Du tout, me répondit-il, ce sont des demoiselles qui ont passé par la *Gewerbeschule*. Aujourd'hui elles dessinent pour des fabricants. Ceux-ci sont venus au commencement de la semaine, ils ont choisi ces cartons et ont envoyé ces dames en leur remettant les numéros des échantillons. Ils fabriqueront ensuite en reproduisant exactement les copies. »

— Tenez, aurait-il pu ajouter, celle-ci copie un brocard qui a disparu de la fabrication depuis votre roi Henri II, mais que nous allons y remettre, et celle-là reproduit un crépon dont le dessin était réservé aux impératrices de Mantchourie avant la conquête de la Chine.

« Allons, monsieur, lui dis-je en souriant par politesse, notre musée de Lyon n'a qu'à se bien tenir, et l'excellent ouvrage de bénédictin, sur les tissus, de notre compatriote M. Dupont, que vous ne connaissez pas sans doute, trouverait à se compléter.

— Vous dites vrai pour Lyon, monsieur, car j'ai reçu la visite de M. le président de la Chambre des fabricants de soie lyonnais qui m'a dit très nettement : « Monsieur, nous » n'avons pas cela »; quant à l'ouvrage de M. Dupont, non seulement je le connais, mais le voici ; sans doute ne contient-il pas dix mille types, mais il a été pour nous et nous sera encore d'une grande utilité. »

Je viens, monsieur le ministre, de vous décrire l'un des nombreux moyens que le *Gewerbemuseum* ou le *Kunstgewerbemuseum* (musée professionnel ou musée des arts décoratifs) emploient pour mettre leurs richesses en exploitation au profit de l'industrie nationale.

Il y en aurait bien d'autres à vous indiquer.

J'ai eu par exemple l'honneur de vous dire qu'on avait choisi avec soin les hommes qui devaient prendre la tête des divers établissements dont j'ai parlé ; les directeurs des Kunstschulen, ou écoles d'art, sont donc des artistes de mérite. Il y a quelques années on n'aurait trouvé que peu d'attraits réciproques entre eux et les fabricants ; les premiers, si vous voulez bien me permettre une expression familière à ceux de notre pays, traitaient volontiers les seconds de *fumistes*, et ceux-ci appelaient ceux-là « bons à rien ». Tout a changé en même temps : soit qu'en Allemagne on ne méprise plus les fumistes, soit que les artistes aient été reconnus bons à quelque chose, les deux éléments se sont rapprochés au point que lorsqu'un fabricant, tisseur, bronzier, verrier, céramiste, conçoit ou cherche un projet de forme nouvelle ou de décoration, il va trouver le directeur de l'école d'art, expose devant lui son desideratum, demande à l'artiste son avis. Le résultat de l'association de ces deux intelligences est une conception dont l'artiste fixe le caractère par ses lignes principales ; il en confie l'achèvement à l'un de ses bons élèves de 3ᵉ année, le fabricant réalise matériellement, et tous les trois trouvent là un avantage d'argent sans que l'art ait souffert, semble-t-il, de ce qu'un produit, qui en est le fils, aille en qualité de produit utile enrichir deux fois la nation.

Si je m'en tenais à ces deux exemples, il semblerait que la haute fabrication dût seule trouver un avantage sérieux à cette organisation ; mais l'action va plus loin ; elle s'étend jusqu'au plus humble ouvrier sans même exiger que celui-ci fréquente une école quelconque, et le procédé, où apparaît l'esprit de solidarité dont j'ai déjà parlé, mérite d'être signalé.

Dans un grand nombre de musées professionnels, qu'ils soient d'État, communaux ou créés par association, sont ménagées des salles, en nombre plus ou moins grand, dont les murs sont garnis d'armoires à tiroirs larges, profonds et plats, tels que ceux des architectes. Le musée achète, partout où il peut, les plus beaux ouvrages, les plus remarquables collections de planches d'art appliqué ; mais, au lieu de les conserver compactes et vus de dos dans des bibliothèques vitrées, on en détache les planches une à une, on les classe par nature d'objets, par époque, par valeur d'exécution, chaque série dans son tiroir ; près des fenêtres sont des tables à dessin : un agent, ou membre de l'association, est présent à des heures déterminées, et voici ce qui se passe :

Un ouvrier serrurier se présente (je fais le récit de ce que j'ai pu voir) et demande un modèle de grille.

« Pour quelle destination ? dit le personnage de garde.

— Pour chapelle funéraire.

— Quel style demande-t-on ?

— Moyen âge.

— Jusqu'à quelle somme veut-on aller ?

— 250 marks. »

On ouvre le tiroir ou les tiroirs dont le contenu correspond aux conditions exigées ; guidé par l'assistant, l'ouvrier choisit son modèle, le calque sur place, ou bien l'emporte et peut le garder trois jours.

Voilà donc un ouvrier mis en possession, gratuitement, d'une création due peut-être à Viollet-le-Duc. Au commerce de cette œuvre d'art, il va reconnaître à son métier une noblesse qu'il ne soupçonnait pas, ressentir au cours de son travail ce stimulant particulier que donne à l'esprit la perfection qu'on voit naître sous la main ; la grille posée, d'autres la verront, ouvriers ou non, et ainsi s'élève peu à peu et fleurit le goût général.

Chez nous, monsieur le ministre, ces œuvres dont je parle, in-folios ou magnifiques atlas et qui coûtent des centaines de francs, seront acquises par quelques riches amateurs, ou pieusement déposées dans des bibliothèques publiques. Il ne faudrait pas qu'un ouvrier serrurier les demandât pour en copier une planche ; c'est la continuation du système : des trésors que pourront consulter ceux qui en ont le moins besoin, mais absolument inaccessibles à qui pourrait s'en servir.

Et, proportion gardée, je ne saurais trop répéter qu'il en est ainsi dans toute l'étendue de l'Allemagne, qu'il s'agisse de tissus, cuirs repoussés, papiers peints, tentures, bronzes, meubles, gravures, lithographies, reliures, machines, chaudronnerie, ferblanterie, construction, enfin décoration quelconque. Partout, pour la simple redevance de cinq à dix francs par mois, et avec bourses, au besoin, l'école de perfectionnement pour apprentis et ouvriers, l'école de métier, celle de bâtiment, l'école professionnelle, l'école de commerce, l'école des arts décoratifs, l'école d'art, l'école industrielle ou technique sont ouvertes à qui veut les fréquenter régulièrement. L'énorme et presque entière population des travailleurs des divers ordres en profite avec la persévérance germanique: or nous avons vu par le rapport de M. le commissaire du gouvernement qu'en Prusse seulement les écoles professionnelles *(Gewerbeschulen)* recevaient *quarante mille élèves!*

En Autriche le mouvement est identique, rendu plus actif encore, et des hommes de la plus grande valeur, tels que M. le professeur Storck, du Musée des beaux-arts, se mettent, on peut dire, au service des ouvriers. On y trouve même une institution de plus qu'en Allemagne, la *Staatsgewerbeschule* ou école professionnelle de l'État. Sa place est entre l'école professionnelle d'arts industriels et l'école technique supérieure; la fréquentation en est telle qu'il a fallu créer à Vienne une *Filialschule* (école succursale) à l'établissement primitif de l'Annagasse. Si nous voulions compter les diverses écoles professionnelles de Vienne ou des principales villes de l'empire d'Autriche, le dénombrement serait long : il y aurait l'école professionnelle du Musée des arts décoratifs, celle de l'État, celles du bâtiment, de la broderie d'art, du tissage, de l'imprimerie, de l'horlogerie, des joailliers, des tourneurs, et même l'école professionnelle préparatoire aux cours supérieurs.

En Bohême, la tendance n'est pas différente, mais le mouvement y est retardé par l'antagonisme des deux races tchèque et allemande et par la difficulté pour le gouvernement, qui a longtemps favorisé la seconde, d'entendre également aux deux. L'esprit d'association ne fait cependant pas défaut, loin de là ; mais associations allemandes d'un côté, associations tchèques de l'autre, et résultat sensiblement affaibli par cette division même.

Je vous laisse à penser, monsieur le ministre, ce que peut produire dès à présent et ce que produira un pareil fonctionnement de travailleurs intelligents, laborieux, instruits méthodiquement par d'excellents maîtres et qui, sur toutes les voies de d'art industriel ou du métier, élèvent de jour en jour leur qualité de producteurs.

Peut-être suffirait-il de le demander à nos différentes Chambres de commerce, et je serais bien étonné qu'elles ne se fussent pas aperçues du progrès de la concurrence allemande depuis quelques années.

Sur ce point important j'ai jugé à propos, ne pouvant songer à faire une enquête, de prendre au moins à mon retour quelques informations, et je me suis adressé pour cela à l'une des maisons les plus considérables de Paris et des plus considérées. Voilà une maison qui, malgré ses sentiments très français, mais forcée par les nécessités commerciales, est obligée, pour des tissus, des soieries, des impressions, des lainages, des tapis, des bronzes, des cristaux de s'adresser (sans compter Mulhouse, Sainte-Marie et Wesserling en Alsace), à Cologne, Crefeld, Düren, Francfort, Apolda, Berlin, Gablenz, Vienne, et pour un chiffre de deux millions cinq cent mille francs! une seule maison!

En admettant, ce qui est sans doute assez loin de la vérité, que les affaires de cette grande maison représentent le dixième du chiffre qui conviendrait à l'ensemble des maisons similaires, il faudrait conclure que pour ce genre spécial, Paris, à lui seul, paie à nos voisins un tribut de vingt-cinq millions, c'est-à-dire une somme suffisante à la vie de seize mille de nos ouvriers. Resterait à faire le même calcul pour les matières extractives, le vêtement, les meubles, les machines, etc.

Si encore il y avait de ce côté réciprocité complète, tout serait pour le mieux ; malheureusement les choses ne se passent pas ainsi, du moins peut-on le supposer lorsque l'on connaît les droits dont sont frappés à la frontière ceux de nos produits qu'on fabrique maintenant en Allemagne, droits qui atteignent quelquefois le trente-deux pour cent de la valeur ; c'est la prohibition déguisée.

Si l'on pouvait juger par quelques exemples de la rapidité avec laquelle marche le progrès industriel chez nos voisins, je prendrais pour type la fabrication des objets de fantaisie en bois d'olivier qui vient de se créer à Vienne. Voici les renseignements très précis que je dois à l'extrême obligeance de M. Bertaux, l'intelligent acheteur en Autriche de la maison dont j'ai parlé.

La création de l'industrie date de 1877 et paraît due à M. Strenzel, ancien ouvrier ébéniste. Les premiers modèles furent exposés chez nous en 1878, et consistaient en petites armoires, classeurs à papiers, etc. ; dès aujourd'hui les commissionnaires en réclament non seulement pour la France, mais pour l'Italie, l'Espagne, l'Amérique, et même pour la côte d'Afrique.

L'atelier de l'ouvrier Strenzel est donc devenu rapidement très important; en quatre années il s'est tranformé en fabrique, pendant que d'autres établissements, d'autres ateliers et de simples fabrications à domicile se sont créées pour le même objet et fonctionnent fructueusement. Le rabot, la rape, la scie à chantourner se sont complétés de machines perçant les ronds, les ovales, façonnant les moulures, taillant les profils, et si, chez l'ouvrier qui commence, les outils élémentaires fonctionnent d'abord dans une chambre unique à côté des lits d'enfants, bientôt on y joint l'atelier de polissage, celui du montage, et l'on donne à faire aux débutants les accessoires à bon marché.

Et comme je cherchais une cause à cet envahissement de la fabrication viennoise sur notre menue marqueterie, il me fut répondu, qui l'aurait cru, que celle-ci manquait de nouveauté, par conséquent de fantaisie, que les modèles étaient restés les mêmes depuis dix ans et plus, ce qui faisait que, malgré leur grâce primitive, ils avaient pris un air banal et suranné. Qu'à Vienne au contraire la fabrication d'une année ne retenait qu'un très petit nombre de modèles de l'année précédente, qu'elle acceptait très bien nos vieux modèles de marqueterie, mais en les rajeunissant sans cesse, que cette variété était la condition d'un rapide écoulement, et qu'elle tenait ici à ce que les ouvriers autrichiens, *sachant bien dessiner*, inventaient sans peine, tandis que chez nous ils stationnaient dans une exécution toujours la même.

La conclusion est facile à déduire, et, ne serait-ce que pour parler de Fontainebleau, nous avons là, avec le bois de genévrier (et rien ne s'opposerait à l'introduction de l'olivier) une industrie minuscule comparable comme genre à celle de Vienne, qui pourrait donc se développer de même, lui devenir supérieure, mais qui, par la même cause sans doute, ne s'adresse qu'aux touristes et reste confinée, comme la petite industrie de Spa, dans les petits souvenirs de Fontainebleau.

Il en est de même de la maroquinerie.

Elle est chez nous d'aussi bonne qualité, en même temps qu'aussi bien exécutée, mais elle est moins variée et, surprise de nouveau inattendue, c'est surtout grâce à la finesse et à l'élégance des fermoirs que Vienne et Offenbach monopolisent la vente générale d'un article aussi important. Ajoutons encore ces petits bronzes d'étagères ou de bureau, bibelots où l'art se fait sentir, les beaux bronzes d'éclairage que beaucoup déclarent supérieurs aux nôtres, et nous arriverons à admettre que l'Autriche, et Vienne surtout, ville d'élégance et de fantaisie, tirent dès à présent de leurs nombreuses écoles un profit redoutable et commencent à serrer de près Paris dans ses propres articles que l'on croyait cependant inimitables.

J'ai dit plus haut que, depuis quelques années surtout, le mouvement industriel s'est singulièrement accentué de l'autre côté du Rhin. Il semble, en effet, assez facile de retrouver le germe de cet élan et d'en suivre l'accélération. Si nous remontons de trente années en arrière, nous rencontrons un état de choses bien différent de celui d'aujourd'hui au point de vue des relations internationales. Le réseau ferré était moins développé, l'Exposition de l'année 1851 ou les suivantes n'avaient pas mis toutes les nations en branle les unes vers les autres; nous avions notre lot d'art et d'industrie, l'Europe centrale avait le sien.

Dans ces conditions, les échanges ou les emprunts ne se font qu'à travers le temps et un équilibre séculaire peut mettre des siècles à se rompre. Mais à notre première grande Exposition, bien des yeux jusque-là demi-clos se sont ouverts, et cette pensée a pris racine, que les plus belles et les plus utiles des choses que l'on voyait là pour la première fois et à profusion étaient exécutables ailleurs; il était donc naturel que l'on songeât au moyen de les exécuter.

Dès lors a commencé chez nos voisins l'incubation de la grande idée que l'Allemagne devait s'efforcer de développer sa nombreuse population ouvrière et ses ressources industrielles comme elle avait fait de son personnel et de son matériel de guerre; mais pour faire éclore l'idée il manquait des hommes et beaucoup d'argent; la transformation a donc été d'abord très lente en Allemagne, mais dès 1871 tout obstacle disparaissait. Les nombreux Allemands employés la veille en France l'avaient quittée pour n'y plus rentrer. Comme les protestants après la révocation de l'édit de Nantes, ils emportaient tout ce qu'ils avaient appris et le mettaient dorénavant au service de leur pays. Les réfugiés de la Commune y joignaient bien leur appoint, et, avec ces deux contingents, voilà les hommes trouvés ; quant à l'argent, la contribution de guerre se chargea de fournir le nécessaire et bien au delà. A partir de ce moment les constructions à destination du but prochain se sont élevées partout, le personnel était trouvé. on arrêta les programmes ; notre magnifique Exposition de 1878 fournit la récolte qui devait être la plus féconde, car c'est en effet depuis lors que cette grande organisation éducatrice dans le sens industriel a pris son dernier élan et qu'elle accroit et active sans cesse son fonctionnement.

Vous ne conclurez pas, monsieur le ministre, que je plaide contre les Expositions internationales, et moins encore que je fasse un crime à l'Allemagne d'y puiser des forces pour hâter résolument sa marche. Elle remplit tout simplement son devoir de nation. Ce qui est à espérer, c'est que nous remplissions le nôtre avec la même persévérance et que nous ne nous reposions pas comme un voyageur qui se croit arrivé. Il est certainement hors de contestation que si, de deux nations voisines, l'une conserve le pas ordinaire pendant que l'autre prend le pas accéléré, la première, en la supposant même en avant d'abord, ne peut tarder à se trouver en arrière.

Si j'insiste un peu, c'est qu'à l'exposé de mes craintes sur cet intervertissement j'ai trouvé plus d'un incrédule. On leur oppose volontiers la finesse, l'imprévu, la distinction, l'originalité, la grâce inimitable de notre cachet national, la *note française* en un mot, et la note française remplace ici comme argument victorieux ce funeste cliché qui nous attribuait la plus invincible des armées.

A propos de l'imprévu, de l'originalité de notre fabrication, je viens de signaler le péril qu'il peut y avoir à rester chauvin et à se cantonner dans l'idée qu'on ne peut pas les rencontrer ailleurs. Je me permettrai, monsieur le ministre, de compléter ma pensée par le court récit d'une impression de voyage qui prend sur le fait l'inconséquence de cet enfant gâté de notre langage... la *note française*.

Je dînais à Christiania en compagnie de notre excellent consul (1) et d'un compatriote, grand commissionnaire de Paris, voya-

(1) M. Lemonnier, décédé depuis peu.

geur depuis plus de quinze ans dans les pays du Nord et parlant l'allemand comme un Saxon. Je venais de donner mon opinion sur le sens pratique des Allemands, et je citais en particulier comme exemple l'organisation de ces salles où j'avais vu mon ouvrier serrurier trouver gratuitement un très beau modèle de grille.

« Mon Dieu, répondit notre compatriote, je ne dis pas; cela convient à la trempe des Allemands : il leur faut des tiroirs pour y enfermer l'esprit des autres ; toutes leurs inventions sont ainsi entassées d'avance par compartiments, aussi sentent-elles le moisi. Cela, voyez-vous, ne saurait nous convenir. Nos ouvriers ont un génie particulier, notre génie national, et cela est si vrai qu'en présence de deux objets, l'un beau et l'autre laid, un Allemand lui-même vous dira proverbialement : « Celui-là? » cher mais beau, *français !* Celui-ci ? bon marché mais détestable » *allemand !* » Le secret, voyez-vous, dont ils ne peuvent s'emparer et qui fait notre force indestructible, c'est la *note française.* »

Je ne demandais pas mieux que d'acquiescer à sa longue expérience, lorsque vint s'asseoir à la table voisine un monsieur qui échangea, en allemand, quelques phrases de politesse avec notre compatriote.

« Vous voyez ce monsieur, me dit confidentiellement notre négociant; c'est le plus gros fabricant de passementerie de Berlin. Dans ce pays de Suède-Norvège, je faisais, il y a deux ans, toutes les affaires de passementerie ; mais notre voisin est allé chez nous, il a pris en nature tous nos modèles et m'a, je puis dire, *raflé,* comme passementerie, toute ma clientèle; de ce côté je ne fais plus un sou.

— Alors, cher monsieur, lui dis-je, c'est que la *note française* a un côté faible; il lui manque un dièze ou un bémol qui la mette au ton de la symphonie industrielle, car c'est un triste lot en affaires que de s'exténuer à fournir aux autres l'occasion d'une *rafle,* comme vous dites, et je doute que nous fassions longtemps bonne figure si nous adoptons pour devise : *Sic nos non nobis.* Il me semble donc que, s'il y avait en France plus d'ouvriers passementiers, et pour eux plus d'écoles de perfectionnement, et aussi plus de ces tiroirs que vous méprisez, où ils pussent choisir gratuitement les meilleurs modèles, nous ferions d'abord une plus grande quantité de passementerie et, de par la *note française.* meilleure que celle des Allemands; nous pourrions donc la faire figurer sur un plus grand nombre de marchés, et si elle n'était pas plus chère que celle des fabricants de Berlin, c'est elle qu'on achèterait.

— Mais, répliqua mon interlocuteur, nous ne pourrions pas la livrer au même prix, la main-d'œuvre étant beaucoup plus élevée en France qu'en Allemagne.

— Je ne comprends pas, car si ce fabricant gagne cent mille francs, je suppose, sur un chiffre d'affaires d'un million, et il doit gagner beaucoup puisque vous le dites immensément riche, vous préféreriez, j'imagine, en livrant au même prix, gagner cinquante mille francs seulement, à ne rien gagner du tout. A ce compte, les cinquante mille francs qui manqueraient à votre gain représenteraient, sans doute, l'excédent du prix de la main-d'œuvre, mais vous resteriez maître du marché! Dès lors si un marché voisin vous donne le même résultat, vous voilà aussi favorisé, avec un peu plus de mal seulement; et même, si vous n'êtes pas trop avide, pourriez-vous être satisfait de soixante-quinze mille francs et consacrer vingt-cinq mille francs, soit à augmenter encore les salaires, soit à faire participer vos ouvriers aux bénéfices qu'en définitive leur talent vous aura ménagés. Le tout est donc de rester maître du marché! Voilà, me semble-t-il, ce qui serait la vraie *note française.* Quant à celle qui consisterait à ne traduire le génie naturel qu'au profit de nos divers voisins pour leur faciliter l'accaparement des marchés, et par conséquent à conduire peu à peu nos propres ouvriers vers la détresse, il faudrait l'appeler différemment et, pour ne pas nous humilier, ce serait la *naïveté* française : l'association de Bertrand et Raton où nous ne serions pas Bertrand. »

Certes nos artistes, nos fabricants, nos ouvriers, pris un à un, valent les ouvriers, les fabricants, les artistes des autres nations, comme nos soldats valent certainement les meilleurs. En 1870 néanmoins, et sans qu'elle puisse en être responsable, l'armée que l'Europe nous enviait est, hélas! faute de nombre, mal revenue de Berlin. Or, de même que depuis 1806, l'Allemagne s'est constitué, homme à homme, une armée de soldats que nous avons vue à l'œuvre, de même fait-elle depuis trente ans pour constituer son armée industrielle, et si nous restons bercés par la *note française,* quand arrivera le jour de la bataille économique, c'est avec le même succès qu'en 1870 que nous repartirons pour Berlin.

Si ce rapport reproduit exactement les principaux traits de la situation générale en Allemagne au point de vue du travail manuel, ainsi que le cours actuel des esprits (et j'ai mis mes efforts à ce qu'il en soit ainsi), nous devons conclure à la mise en œuvre, sans retard, de toutes nos valeurs individuelles ; nos qualités sont intactes, il n'y a qu'à les utiliser; pour les utiliser toutes, il faut engager la nation entière dans les mille voies du travail et que le travail devienne chez nous une habitude, une face des mœurs.

Dès qu'il s'agit d'influer de cette façon sur les mœurs, c'est dire, monsieur le ministre, que l'action simultanée de l'esprit et de la main doit non seulement être considérée désormais comme un principe essentiellement éducatif, mais marcher de pair avec l'enseignement purement intellectuel ; il faut en donner les leçons et le goût dès l'enfance et acheminer les âges successifs par occupations graduées vers le développement définitif et complet.

Si la France de l'avenir ne doit pas être une France déchue, nous devons, dès à présent, nous la figurer sous l'aspect d'un moral et vigoureux travailleur dans le cerveau duquel s'allieront harmoniquement quatre facultés maîtresses : la science, l'art, l'application et l'industrie.

Je crois devoir terminer ici, monsieur le ministre, le rapport d'ensemble qui résume mes impressions sur l'Allemagne en ce qui regarde le travail manuel. J'aurai bientôt l'honneur de vous soumettre une étude analogue sur la Scandinavie. Un troisième et dernier dépôt consistera dans la série des principaux procès-verbaux rédigés sur place et qui constituent des pièces à l'appui.

Veuillez agréer, monsieur le ministre, mon respectueux hommage.

G. SALICIS.

NOTES

SUR QUELQUES ÉCOLES PROFESSIONNELLES

D'ALLEMAGNE

En Allemagne, la plupart des écoles professionnelles ont un caractère spécial, comme l'indique leur titre : *Gewerbliche Fachschulen*, écoles professionnelles spéciales.

Dans ces écoles il s'agit en effet non seulement de donner aux élèves une instruction théorique et pratique générale, une certaine aptitude à toutes les professions manuelles, mais de les *spécialiser* en les préparant à l'industrie ou aux industries prédominantes de la région.

A *Cologne*, grande ville et centre industriel, où l'on construit beaucoup, l'école professionnelle préparera aux professions qui se rapportent au bâtiment, aux industries qui se rattachent à la construction, à l'ameublement, à l'ornementation et à la décoration des maisons.

A *Bochum*, au milieu des mines du pays de Berg, elle formera des métallurgistes et des contremaîtres pour les mines.

A *Remscheid*, centre de la fabrication des petits aciers, du fer, des outils, elle cherchera à faire d'habiles ouvriers quincailliers.

A *Iserlohn*, le pays des bronzes et des objets d'art en métal, ce seront le dessin d'art et le travail artistique des métaux qui occuperont une place prépondérante.

A *Höhr-Grenzhausen*, la région des poteries, on établira une école céramique (1).

---

(1) Des détails concernant ces écoles, extraits d'un rapport officiel prussien, ont déjà été publiés dans un article intitulé : *les Ecoles spéciales professionnelles en Prusse*, inséré dans la *Revue pédagogique* du 15 juillet 1883.

A *Furtwangen*, dans la Forêt-Noire, l'école professionnelle aura surtout en vue l'industrie de l'horlogerie et des bois sculptés.

A *Stuttgart*, capitale, la construction prédominera, tandis que dans le reste du royaume les écoles professionnelles seront agricoles et que l'on s'y occupera particulièrement de l'amélioration des terres, de l'aménagement des prairies et de l'élève du bétail.

Partout, sauf à *Hagen* et dans les deux grandes écoles de constructions de *Stuttgart* et de *Karlsruhe*, on a établi des ateliers dans l'école, ou bien l'on exige des aspirants, avant de les admettre, qu'ils aient travaillé dans un atelier pendant un temps plus ou moins long (à Bochum, pendant quatre ans; à Cologne, dix-huit mois; à Furtwangen, deux ans). Dans plusieurs écoles, les deux conditions sont réunies: travail préalable dans un atelier avant d'entrer à l'école professionnelle, travail manuel dans les ateliers de l'école.

L'habile et compétent directeur de l'école de Remscheid caractérise parfaitement l'école professionnelle par ces mots: *Die Fachschule bildet vor, nicht aus*, c'est-à-dire que l'école professionnelle commence l'éducation technique de l'ouvrier, mais elle ne la termine pas; elle prépare et facilite l'apprentissage, mais elle ne le remplace pas.

Nulle part, les enfants ne peuvent être admis avant l'âge de quatorze ans, c'est-à-dire avant d'avoir terminé leur scolarité primaire.

On peut dire qu'en général le jeune homme quitte l'école primaire à quatorze ans, qu'il travaille pendant deux ans à l'atelier, avant ou après son stage à l'école professionnelle dans laquelle il reste également deux ans: de sorte qu'il n'est ouvrier qu'à dix-huit ans, et qu'alors il est assez fort et assez avancé pour compléter de lui-même son éducation technique.

Toutes ces écoles sont nationales ou communales.

L'école professionnelle de Wiesbaden est la seule, parmi celles que j'ai visitées, qui ait un caractère privé. Elle a été fondée et elle est administrée par la Société industrielle (Gewerbe-Verein). Aussi a-t-elle une allure plus libre, une organisation plus mobile, des programmes plus élastiques que les écoles publiques. Et elle n'a besoin d'aucune autorisation pour ouvrir de nouvelles sections (comme elle l'a fait récemment pour l'école

des bottiers et cordonniers) chaque fois que cette création répond à un besoin réel.

La règle généralement suivie dans toutes ces écoles, c'est que
la matinée, de 7 heures à midi, doit être donnée aux études,
parmi lesquelles le dessin occupe la première place. La soirée,
de 2 à 7 heures, est consacrée au travail manuel. Mais des repos
de dix minutes coupent les études et le travail d'heure en heure,
coutume qui est générale en Allemagne pour tous les établissements d'instruction.

Toutes ces écoles sans exception sont payantes. On estime
que la rétribution scolaire, si minime qu'elle soit, assure l'assiduité de l'élève et son zèle à s'instruire; qu'elle intéresse les
parents au travail de leurs enfants et à la prospérité de l'école.
Mais la rétribution est en général peu élevée. D'ailleurs l'Etat, la
province, la commune, la société industrielle, des particuliers
accordent des bourses aux élèves qui se distinguent par leur
application et leur bonne conduite, pour les indemniser, en tout
ou en partie, des frais de logement et de pension qui sont à
leur charge.

Je vais donner maintenant quelques notes plus détaillées sur
l'organisation de quelques-unes de ces écoles, savoir :

L'école municipale professionnelle spéciale (städtische gewerbliche Fachschule) de *Cologne;*

L'école des forges de la Prusse rhénane et de la Westphalie
(Rheinisch-westfälische Hüttenschule) de *Bochum;*

L'école professionnelle spéciale à l'industrie des machines
(gewerbliche Fachschule für Maschinen-Technik) de *Hagen;*

L'école professionnelle de la petite industrie du fer et de
l'acier (Fachschule für Klein-Eisen- und Stahlwaaren-Industrie) de
Remscheid ;

L'école royale professionnelle (königliche Fachschule) d'*Iserlohn;*

L'école municipale supérieure de tissage (städtische höhere
Webschule) de *Mülheim* sur le Rhin ;

L'école professionnelle (Gewerbeschule) de *Wiesbaden;*

L'école professionnelle céramique (keramische Fachschule)
de *Höhr-Grenzhausen ;*

Les écoles professionnelles du *Wurtemberg,* et l'école royale
de construction (königliche Baugewerkschule) de *Stuttgart;*

Les écoles professionnelles du grand-duché de *Bade*, et les écoles d'horlogerie (Uhrmacherschulen) et de sculpture sur bois (Schnitzereischulen) de la *Forêt-Noire*.

J'y ai joint des notices qui m'ont été obligeamment communiquées sur d'autres écoles que je n'ai pas visitées moi-même, savoir :

L'école professionnelle et l'école de construction (allgemeine Gewerbeschule, Bauhandwerkerschule) de *Hambourg ;*

L'école municipale professionnelle (städtische Gewerbeschule) de Hanovre ;

Les écoles techniques et professionnelles (technische Lehranstalten) de *Chemnitz* et de la *Saxe*.

Je remplis un devoir en disant que les directeurs de toutes les écoles que j'ai visitées m'ont fait le meilleur accueil, qu'ils ont mis le plus grand empressement à me montrer toutes leurs classes et leurs collections, et à me donner tous les documents, rapports et programmes dont j'avais besoin pour me faire une idée exacte du fonctionnement des écoles professionnelles.

Je leur en exprime ici tous mes remerciements.

G. JOST,
Inspecteur général de l'instruction publique.

Ecole professionnelle municipale spéciale de Cologne.

(Städtische gewerbliche Fachschule.)

Comme son nom l'indique, cette école est municipale; la ville de Cologne l'a fondée en 1879, et l'a appelée *Fachschule,* pour bien marquer le caractère professionnel de l'établissement.

Elle est installée en ce moment dans des locaux provisoires; mais le 1er octobre prochain, elle entrera dans une magnifique maison qui a coûté 500,000 francs, parfaitement appropriée à sa destination, avec ses 22 salles, et avec ses ateliers dans le sous-sol.

Les cours durent quatre semestres et préparent à trois catégories de professions auxquelles répondent les trois sections de l'école :

1. — *Section mécanique et de construction :*

    Constructeurs de machines;

    Dessinateurs dans les bureaux;

    Contremaîtres des ateliers de construction.

2. — *Section d'architecture;*

2. — *Section des arts décoratifs:*
  Peintres et ornemanistes;
  Ébénistes et sculpteurs sur bois;
  Sculpteurs et modeleurs.

Il y a des cours spéciaux et des cours d'instruction générale.

L'allemand et le calcul sont communs à toutes les trois sections. Le dessin d'après le plâtre est également obligatoire pour tous les élèves, à l'exception des constructeurs.

En principe, les jeunes gens doivent avoir passé *au moins un an* dans un atelier pour pouvoir être admis comme élèves dans la Fachschule. Le but de cette école est, en effet, de faire de bons contremaîtres qui puissent diriger les ouvriers. « Nous ne voulons pas en faire des artistes et des messieurs, nous dit l'habile directeur de l'école, M. Romberg, mais des ouvriers. »

Depuis le 1er avril dernier, une classe préparatoire (Vorschule) a été annexée à l'école. On y reçoit des jeunes gens de quatorze ans, pourvus du certificat d'études primaires, auxquels on enseigne le dessin dans les différents genres et le modelage. A partir du 1er octobre prochain, ils seront exercés au travail du bois et du fer, afin de permettre au directeur d'étudier leur vocation et de les diriger vers la section où les appellent leurs aptitudes. *Mais quand ils auront achevé le cours de l'école, ils devront terminer leur apprentissage pratique dans un atelier pendant au moins une année.*

Le nombre des heures de classe est de 44 par semaine.

Le programme comprend, outre l'allemand, le calcul et la comptabilité, qui sont communs à toutes les sections :

Pour la section de la construction de machines, l'algèbre, la géométrie, les propriétés des différents métaux, l'étude et le dessin des machines, les projections, le dessin à main libre, la chimie et la physique dans leurs rapports avec la construction des machines, le travail du bois et du fer, la perspective, la mécanique, les moteurs, les matières premières, la métallurgie, la comptabilité ; la moitié du temps est consacrée au dessin.

Pour la section d'architecture, l'algèbre, la géométrie, l'étude des constructions (travail des maçons, des charpentiers, des couvreurs, des ferblantiers), le dessin, la mécanique, des notions de sciences physiques, l'étude des matériaux, les styles d'architecture, les projections et la perspective, l'établissement des devis, le lavis, les projets de construction, la taille des pierres, le modelage;

Pour la section des arts décoratifs, le dessin sous toutes ses formes, mais surtout le dessin d'après nature et d'après le plâtre, le modelage, la peinture, l'étude des couleurs et des styles, la perspective.

La rétribution scolaire est de 93 fr. 75 c. par semestre. Mais un élève sur dix peut obtenir une bourse. Le directeur de l'école procure des logements et la pension aux élèves étrangers à la ville, dans de bonnes familles, à 50 ou 60 francs par mois.

Le nombre des élèves était au début, en 1879, de 13; il a été de 132 en 1884-1885, et de 199 l'hiver dernier. En été, le nombre se réduit ordinairement à la moitié. Beaucoup d'élèves, reprenant leur travail de l'atelier en été, se remettent aux études pendant le semestre d'hiver.

Outre le directeur, M. Romberg, douze professeurs font des cours dans cette école : deux ingénieurs, deux instituteurs pour l'allemand, les mathématiques, la physique et la chimie, quatre architectes, deux peintres-décorateurs, deux sculpteurs.

Des notes trimestrielles sont régulièrement données; les examens de passage sont sévères; et à la fin du 4me semestre, la réunion des professeurs désigne les élèves qui peuvent être admis aux épreuves finales en vue d'obtenir le diplôme de sortie de l'école.

Ces épreuves consistent en un travail (Clausur-Arbeit) pour lequel on donne quinze jours à l'élève, et dont il doit faire l'esquisse le premier jour, sans secours étranger, et sans sortir de la maison d'école. Le travail définitif ne devra pas s'éloigner sensiblement de cette esquisse.

Nous avons vu, M. le directeur de l'enseignement primaire et moi, un grand nombre de ces compositions.

Les constructeurs avaient à faire différents genres de locomobiles;

Les architectes avaient à établir les plans et devis soit d'une maison d'école dont le programme était donné, soit d'une maison de campagne, soit d'une écurie;

Pour les ébénistes, il s'agissait de faire soit un meuble de bureau, soit une salle à manger, soit une chambre à coucher;

Pour les sculpteurs, une boiserie de salle à manger;

Pour les peintres-décorateurs, des panneaux, des portes dont la couleur de fond était donnée.

Ces études sont d'inégale valeur, cela va sans dire. Mais nous avons été surpris du goût dont presque tous les élèves ont fait preuve, de la délicatesse des ornements, de la discrétion et de la variété des nuances.

L'école les conserve et le directeur les montre aux visiteurs et aux patrons qui y viennent chercher des ouvriers et des contremaîtres. Ainsi l'un des élèves, dont le travail d'ornementation et d'ébénisterie nous avait particulièrement frappés, vient d'être engagé au sortir de l'école par un fabricant de meubles de Breslau qui lui assure, dès le début, 4,500 francs par an. D'ailleurs le directeur place les élèves, les suit, veille à ce qu'ils entrent dans de bons ateliers. Les fabricants, industriels et patrons s'adressent à lui pour avoir de bons ouvriers, des dessinateurs et des contremaîtres. Le diplôme de la Gewerbliche Fachschule de Cologne est apprécié et recherché.

A la même école sont annexées des classes du soir et du dimanche matin (gewerbliche Fortbildungsschulen) pour les apprentis et
les ouvriers.

Le nombre d'heures de classe pour les apprentis est de onze par
semaine. On leur enseigne l'allemand (2 heures par semaine), le
calcul et la géométrie pratique (2 heures), le dessin à main libre
et le dessin linéaire (3 heures), le modelage (4 heures). Ils sont au
nombre de 130.

Les ouvriers viennent 14 heures par semaine et reçoivent des
leçons d'allemand (1 heure), de calcul (1 heure), de géométrie pratique (1 heure), des notions de sciences (1 heure), des leçons de dessin appropriées à leur métier (4 heures en été, 3 en hiver), de modelage (6 heures).

École des forges de la Prusse Rhénane et de la Westphalie à Bochum.

(Rheinisch-Westfälische Hüttenschule.)

Bochum, comme toutes les localités de cette région, est une ville de
mines, de hauts-fourneaux, de forges. Elle avait 8,000 habitants en
1860, elle en a 40,000 aujourd'hui.

L'école des forges de la Prusse rhénane et de la Westphalie, qu'elle a
fondée en 1882, avec le concours de l'État, est une école professionnelle spéciale qui a pour but de *former des contremaîtres* pour les
forges et les ateliers de construction.

Elle est administrée par la ville, sous le contrôle de l'État qui
alloue à l'école une subvention annuelle de 17,500 francs.

Elle comprend une section de métallurgistes et une section de
constructeurs. Le cours d'études est de trois semestres. Tous les
dix-huit mois les examens d'admission ont lieu pour une nouvelle
promotion. La première admission a eu lieu le premier juillet 1882;
la promotion actuelle, de 41 élèves, est entrée à l'école le 1er mai 1886.

« On ne veut pas transformer les élèves en messieurs, en ingénieurs
de seconde classe que la plupart des écoles d'arts et métiers jettent
chaque année dans les industries, mais en faire de bons et solides
contremaîtres. » Aussi la condition essentielle, *sine qua non* de leur
admission, *c'est d'avoir travaillé, pendant quatre années entières, comme
apprenti ou ouvrier dans une des forges ou des ateliers de construction
de la région.*

Les élèves ne peuvent donc avoir moins de dix-huit ans; mais en
réalité l'âge moyen est de vingt-cinq ans.

Pour être admis, chaque candidat doit fournir la preuve qu'il a
reçu une bonne instruction élémentaire, qu'il possède quelques
notions de sciences, qu'il a une certaine aptitude pour le dessin, et
joindre à la demande d'admission :

Un *curriculun vitæ* écrit par lui-même ;

L'attestation qu'il a travaillé pendant quatre ans au moins dans un atelier;

Un certificat de bonne conduite.

Le personnel enseignant est chargé de l'examen d'admission.

Il se compose :

Du directeur M. Beckert, ingénieur des mines, qui a fondé l'école, (19 h. de classe par semaine);

D'un ingénieur chargé de l'enseignement du dessin (30 heures):

De deux professeurs de sciences (24 h. de chimie, 5 de physique);

D'un professeur de mathématiques (24 h.);

D'un maître pour la langue allemande (8 h.).

Comme, en principe, on est opposé à la gratuité absolue de l'instruction, le conseil d'administration fait payer une modique rétribution scolaire de 12 fr. 50 c. par semestre. Mais des bourses sont accordées aux élèves intelligents et laborieux qui appartiennent à des familles peu fortunées. Le fonds de ces bourses (Stipendienfonds) est constitué par des dons et des souscriptions de tous les grands industriels du pays.

C'est ainsi que dans la dernière année scolaire, 27 bourses variant de 6 fr. 25 c. à 56 fr. 25 c. par mois ont été accordées aux élèves méritants.

Les cours ont lieu de 7 heures du matin à 1 heure de l'aprèsmidi, et comprennent, outre les cours communs à tous les élèves (allemand, mathématiques, géométrie pratique, physique), la chimie et la métallurgie pour la section des métallurgistes, la mécanique et l'art de la construction pour la section des constructeurs.

Il va sans dire qu'il n'y a ni atelier ni travail manuel dans cette école.

Des examens semestriels de passage écartent les incapables ou les négligents.

Tous les cours ont le caractère pratique que les professeurs ne doivent jamais perdre de vue. La géométrie descriptive est enseignée d'une manière aussi intuitive que possible. Les dessins ne sont pas ceux de futurs ingénieurs. On n'oublie pas que les élèves ne doivent pas devenir constructeurs, mais contremaîtres.

Les épreuves écrites de l'examen de sortie sont conservées. J'ai vu celles de la promotion qui vient de quitter l'école, et j'ai été frappé des connaissances pratiques qu'elles constatent, de la clarté de l'exposition, de la belle écriture de toutes ces compositions faites par des jeunes gens qui ont manié pendant plusieurs années le marteau et la pique. Ces compositions comprenaient :

Un rapport au directeur de la police sur un fait qui s'est passé dans l'usine ; c'est l'épreuve de rédaction ;

Plusieurs problèmes portant sur l'arithmétique, la physique très élémentaire, la géométrie pratique ;

Une composition de physique :

Un ou plusieurs dessins;

L'analyse d'un minerai.

Tous les dessins faits par les élèves sont joints à ces épreuves pour permettre au jury d'examen d'apprécier la valeur des candidats.

L'examen oral porte sur toutes les matières du programme d'enseignement de l'école.

Tous ces jeunes gens sont sérieux; ils savent le prix des études qu'ils font; ils travaillent avec une énergie et un entrain remarquables, afin de pouvoir subir avec succès, à la fin de leur scolarité, l'examen de sortie, et d'obtenir le certificat d'aptitude (Reife-Zeugniss), dont la possession sera une grande recommandation auprès des chefs d'industrie. Aussi sont-ils recherchés et gagnent-ils tous, à leur sortie de l'école, 150 francs par mois.

De 38 élèves sortis cette année, quatre ont été placés dans des bureaux; onze ont passé monteurs, contremaîtres ou patrons; trois sont devenus premiers ouvriers.

C'est une école parfaitement organisée et bien conduite par son excellent directeur, M. Beckert.

École professionnelle spéciale à l'industrie des machines à Hagen.

(Gewerbliche Fachschule für Maschinentechnik.)

L'école de Hagen, en Westphalie, a été fondée en 1880.

Elle se compose de deux classes greffées sur l'école primaire supérieure *(höhere Bürgerschule)* de cette ville. Elle est dirigée par M. Holzmüller.

Le cours y est de deux ans.

La seule condition d'admission, c'est que les jeunes gens possèdent le certificat d'aptitude au volontariat d'un an, qu'ils l'aient obtenu dans un gymnase classique, dans un Realgymnasium, dans une Realschule (1) ou dans une école primaire supérieure.

On n'y fait pas de travail manuel, et un petit nombre d'élèves seulement — 9 sur les 45 qui s'y trouvent actuellement — ont passé par l'atelier avant d'entrer à l'école.

Ce sont des fils de fabricants ou de patrons, des serruriers ou mécaniciens qui doivent devenir contremaîtres, ou diriger leurs propres établissements.

L'école tient le milieu entre le Polytechnikum et les écoles de Remscheid ou de Bochum.

---

(1) On sait que ce qui distingue le Realgymnasium de la Realschule, c'est que dans la première école on enseigne le latin et le français, dans la seconde le français et l'anglais.

La branche principale est le dessin industriel. Sur les 40 heures de classe par semaine, 18 sont consacrées au dessin de machines, d'architecture et à main libre, et à la géométrie descriptive.

Les autres matières sont les mathématiques (5 heures), la mécanique (3 h.), la physique (2 h.), la chimie (4 h.), l'étude des machines (4 h.), la construction (2 h.).

Le nombre des élèves est de 49 aujourd'hui. Il était de 7 au début.

Le personnel enseignant se compose :

Du directeur,

De deux ingénieurs,

D'un professeur de dessin,

Et de plusieurs professeurs de l'école primaire supérieure chargés des matières générales.

La rétribution scolaire est de 125 francs par an.

Un diplôme d'aptitude est délivré aux élèves qui, à leur sortie, ont subi d'une manière satisfaisante un examen sur les différentes matières enseignées.

Sur les 21 élèves sortis cette année :

4 sont devenus fabricants,

6 négociants,

11 constructeurs (Maschinen-Techniker).

La progression croissante du nombre des candidats prouve que l'école est appréciée.

École professionnelle avec ateliers d'apprentissage, spéciale à la petite industrie du fer et de l'acier du pays de Berg, à Remscheid.

(Fachschule mit Lehrwerkstätten für Klein-Eisen- und Stahlwaaren-Industrie des Berg-Märkischen Landes.)

Remscheid a une population de 10,000 habitants. Mais on n'y voit plus les grandes fabriques, les nombreuses cheminées des autres villes manufacturières de la région. Ce sont au contraire de petits ateliers isolés, occupant chacun un nombre restreint d'ouvriers, éparpillés sur le vaste territoire de la commune, entre les jardins et la verdure.

C'est le centre de la petite industrie de l'acier et des articles de quincaillerie, qui fournit peut-être le tiers des scies et des limes et plus de la moitié des patins vendus dans le monde entier.

Le travail y est très divisé, et chaque objet passe par plusieurs mains avant d'être fini, de sorte que chaque ouvrier ne fait guère que l'ouvrage qui est sa spécialité.

Aussi ne formait-on plus d'apprentis dans le sens que l'on attachait autrefois à ce mot, et ne trouvait-on plus de contremaitres qui pussent diriger des ouvriers de différentes spécialités.

D'un autre côté, la Société industrielle (Gewerbe-Verein) de la région constatait, dès 1847, que « l'industrie étrangère et surtout l'industrie française avaient atteint, sinon dépassé, par la forme plus gracieuse et le fini du travail, l'industrie séculaire de Remscheid. A l'aide d'un crédit obtenu dans ce but du gouvernement, on fit l'acquisition d'une grande quantité de marchandises françaises pour les mettre à la disposition des fabricants du pays, de manière à les convaincre du danger auquel les exposait la concurrence étrangère (1). »

Pour remédier à cette infériorité et à cette insuffisance de l'apprentissage, et pour ne pas se laisser distancer par l'étranger, on réclama, dès cette époque, la création d'une école dans laquelle l'enseignement du dessin, de la géographie commerciale, des notions usuelles des sciences aurait une place prépondérante.

Mais la question n'était pas mûre; on ne comprenait pas encore la nécessité de changer les habitudes et la routine. Il fallait que dans d'autres régions de l'Allemagne le même cri d'alarme se fît entendre. L'exposition de Philadelphie fit le reste.

Un industriel fit un don de 7,500 francs. La province alloua une subvention annuelle de 6,250 francs. L'Etat promit un secours de 37,500 francs pour la création de l'école, et une allocation de 6,250 francs par an, à condition que la ville assurerait l'existence de l'école pour dix ans.

La Fachschule était fondée. Elle a pour but de donner aux jeunes gens qui ont reçu une bonne instruction primaire, et qui se destinent à la fabrication des petits aciers et de la quincaillerie, la somme de connaissances théoriques et pratiques nécessaires au futur ouvrier. Elle doit faire l'éducation technique de l'ouvrier pour toutes les branches de cette industrie, lui donner le goût et l'aptitude manuelle dont il a besoin pour sa future profession.

L'école put être ouverte en 1882. Elle fut placée sous la direction d'un homme d'une grande compétence dans cet enseignement technique, M. Hädicke. Avant d'ouvrir son école, cet ingénieur visita l'école spéciale de construction et de machines de Komotau, en Bohème, l'école des contremaîtres de Chemnitz, en Saxe, l'école des arts et métiers de Châlons-sur-Marne et l'école des apprentis du boulevard de la Villette, à Paris.

« Et c'est dans ces deux dernières écoles, me dit-il, que j'ai le plus appris. »

L'école professionnelle de Remscheid comprend deux cours d'étude, d'une année chacun.

Quatre heures par jour, de 8 à midi, sont consacrées à l'enseignement théorique qui comprend :

L'allemand;

---

(1) Programm der Fachschule für die Klein-Eisen- und Stahlwaaren-Industrie des Bergischen Landes in Remscheid.

La géographie industrielle et commerciale ;
Le calcul et la comptabilité ;
La mécanique ;
Des notions de géométrie ;
Le dessin à main libre et le dessin linéaire ;
La physique, la chimie, la technologie.

Cinq heures, de 2 à 7, sont affectées dans les ateliers aux travaux de la forge, de la serrurerie, du tour, du polissage, de la ferblanterie, de la trempe, des limes, de la galvanoplastie.

Mais avant de travailler le fer, dès leur entrée à l'école, *les élèves sont exercés pendant trois semaines au moins, et exclusivement, au travail du bois.* Le directeur ne veut pas que les futurs forgerons et quincailliers soient inhabiles à scier et à tourner le bois ou à faire un assemblage.

L'élève passe ensuite à l'étau, à la lime, à la forge ; puis dans les ateliers du ferblantier, du vernisseur, du trempeur, de l'affileur, du polisseur. Il acquiert ainsi une certaine aptitude générale pour les différentes parties de son futur métier.

J'ai vu les élèves à l'œuvre. J'ai examiné les travaux divers faits par les deux promotions qui ont quitté l'école en 1884 et 1885. Ils sont tous exécutés avec goût et un certain fini ; on voit que les élèves ne sont pas des manœuvres, mais qu'ils ont reçu une certaine éducation artistique par le dessin.

Aux personnes qui objecteraient que neuf heures de classe et d'atelier par jour imposent aux élèves un travail trop considérable, le directeur répond que cette association du travail manuel et des études exerce une action des plus salutaires sur le développement physique des jeunes gens. Et en effet la mine de santé et l'entrain des élèves quand ils s'ébattent dans la cour, entre les classes, montrent bien que cette alternance des travaux intellectuels et manuels non seulement ne les fatigue pas, mais les rend plus zélés pour l'étude.

A la fin de la deuxième année les élèves subissent un examen écrit et oral sur les différentes matières enseignées ; ils exécutent une série de travaux dans les ateliers, et ils confectionnent huit objets indiqués par le jury d'examen et pris dans les différentes branches de la fabrication.

En 1884, onze élèves, dont six n'avaient reçu que l'intruction élémentaire d'une école primaire, ont quitté l'école. L'un d'eux a obtenu la note « distingué », un autre « très bien », trois « assez bien », quatre « suffisant », deux la note « à peine suffisant ». Ces notes sont inscrites sur leurs diplômes.

En 1885, dix-neuf élèves ont subi l'examen de sortie avec les notes : distingué (1), bien (4), suffisant (10), insuffisant (4).

Ils sont tous entrés dans des ateliers, pour terminer leur apprentissage ; mais ils gagnent immédiatement, par semaine, sept fois

1 fr. 25 c. ou sept fois 2 francs pour les six jours de travail; soit 8 fr. 75 c. à 14 francs par semaine.

Comme on le voit, le principe posé est celui-ci : l'école commence l'éducation technique de l'ouvrier, elle ne remplace pas l'atelier, ce que le directeur exprime très heureusement par cette formule : *Die Schule bildet* VOR, *nicht* AUS; elle commence l'apprentissage, elle ne le finit pas.

Aussi le conseil de perfectionnement de l'école tient-il la main à ce que tous les élèves aillent dans les ateliers en quittant l'école. Ils sont d'ailleurs recherchés par tous les patrons intelligents.

Il va sans dire qu'ils ne resteront pas ouvriers; ils deviendront contremaîtres par la force des choses. Mais c'est précisément le but de cette école de faire des ouvriers plus habiles qui émergeront et dirigeront plus tard leurs camarades moins intelligents.

Le personnel enseignant se compose du directeur de deux ingénieurs, de deux instituteurs et de quatre contremaîtres.

La rétribution scolaire est de 100 francs par an.

L'école est administrée par un conseil de perfectionnement qui suit les études des élèves, les place et les patronne à la sortie de l'école. Il est composé du maire de la ville, du directeur et de six industriels nommés moitié par le gouvernement, moitié par la commune.

Cet établissement, qui est vraiment une école professionnelle, est un des plus intéressants que j'aie visités. L'exposition des dessins et des objets faits par les élèves montre, aujourd'hui déjà, quelles transformations et quels perfectionnements cette école opérera dans l'industrie de Remscheid.

Ecole royale professionnelle d'Iserlohn.

(Königliche Fachschule.)

Iserlohn fabrique surtout des objets d'art, en cuivre, en fer, en bronze, en nickel, etc.

L'école professionnelle existe depuis 1881. Elle a pour objet de former le goût artistique des élèves, par le dessin sous toutes ses formes et par le travail personnel dans les ateliers. Ici, en raison du caractère artistique des travaux, les élèves se spécialisent.

La seule condition qu'on exige pour les admettre à l'école c'est d'avoir quatorze ans. Ils forment trois sections d'après leurs études antérieures et d'après la profession qu'ils veulent embrasser.

1. *La section supérieure* (höhere Fachschule) est composée d'élèves qui possèdent le certificat d'études donnant droit au volontariat militaire, ou qui ont fréquenté toutes les classes d'une école primaire supérieure. Le cours y est de deux ans, la rétribution scolaire de 31 fr. 25 c. par trimestre. En général les élèves de cette section ne se spécialisent pas.

Ce sont de futurs *fabricants*.

2. *La section professionnelle artistique* (kunstgewerbliche Fachschule) reçoit les élèves qui ont parcouru les six classes de l'école primaire. Le cours y est de trois ans, la rétribution de 18 fr. 75 c. par trimestre.

Ce sont de futurs *contremaîtres*.

3. *La section professionnelle proprement dite* (gewerbliche Fachschule) est destinée aux élèves qui ne possèdent pas l'instruction générale des deux premières sections. Ils ne prennent part qu'aux cours de dessin et au travail des ateliers. Le cours y est de trois ans, la rétribution de 12 fr. 50 c. par trimestre.

Ils seront *apprentis-ouvriers* en sortant de l'école.

Le personnel enseignant de l'école se compose :

Du directeur, M. Reuter,

D'un chimiste,

D'un architecte,

D'un mécanicien,

D'un ciseleur,

De deux sculpteurs.

Les programmes de l'école énumèrent les différentes spécialités auxquelles se destinent les élèves des deux dernières sections : les dessinateurs, les monteurs, les mouleurs, les ciseleurs, les fondeurs en bronze, les graveurs, les chimistes, les galvaniseurs, les contre-maîtres; et ils montrent comment les matières d'enseignement ont été réparties dans trois groupes répondant chacun à une catégorie de professions similaires.

Dans le *groupe artistique* (kunst-technisch) nous trouvons le dessin d'ornement, le dessin d'après les plâtres, le dessin industriel, l'histoire de l'art et des styles, auxquels se rattachent comme travaux pratiques: le modelage en terre et en cire, la sculpture sur le bois et sur le plâtre, le travail du cuivre, du bronze, du nickel, de l'acier, des émaux.

Dans le *groupe des chimistes* (chemisch-technisch) on a placé l'étude de la chimie industrielle, les manipulations, la galvanoplastie, le décapage, la coloration des métaux, l'étamage, le nickelage, l'argenture et la dorure ;

Dans le *groupe des mécaniciens* (mechanisch-technisch) les élèves étudient la géométrie, les projections et la perspective, le calcul, l'algèbre, la technologie, auxquels s'ajoutent les travaux manuels du rabot, du tour, de la lime, du ciseau.

La matinée, de 8 h. à midi, est affectée aux cours théoriques, parmi lesquels le dessin d'après les plâtres occupe le premier rang. Contrairement à l'opinion de la plupart de ses collègues allemands, M. Reuter proscrit le dessin d'après des modèles. Seize heures par semaine, sur vingt-quatre, sont consacrées au dessin d'ornement et académique, à l'étude des ombres et à la perspective.

La soirée, de 2 à 6, est consacrée au travail dans les ateliers de l'école. Les élèves sont exercés au modelage et au moulage de la glaise, du plâtre et de la cire ; à la forge pour le fer, l'acier et le nickel ; au tour pour le bois, l'acier et le bronze ; puis aux autres travaux plus délicats du bosselage, de la ciselure, de l'émaillerie, du vernissage. Ils font même quelques analyses chimiques très élémentaires.

Ici, comme à Remscheid, il est indispensable que l'éducation technique reçue à l'école soit complétée et achevée dans l'atelier. Mais la coutume établie à Iserlohn est que le jeune homme qui sort de la Fachschule à dix-sept ans et dont l'examen de sortie a été satisfaisant, reçoit un salaire de 7 thalers pour les six jours de la semaine, soit 26 fr. 25 c.

Cet examen de sortie se compose d'épreuves écrites et orales, auxquelles on joint, pour la partie manuelle, tous les travaux exécutés par les élèves depuis leur entrée à l'école.

Le certificat délivré à la suite de l'examen porte l'une ou l'autre des mentions suivantes :

« Bestanden », c'est-à-dire a *subi* l'examen, quand les résultats ont été à peu près suffisants ;

« Gut bestanden », a *bien passé* l'examen ;

« Sehr gut bestanden », a *très bien passé* l'examen.

Les élèves qui n'ont pas subi l'examen d'une manière satisfaisante obtiennent simplement une attestation qu'ils ont fréquenté l'école pendant le temps réglementaire.

École municipale supérieure de tissage de Mülheim sur le Rhin.

(Städtische höhere Webschule).

Mülheim sur le Rhin a une population de 25,000 habitants. Il en avait 6,000 il y a trente ans.

Son école de tissage date de 1852. Elle est dirigée encore à l'heure qu'il est par son fondateur M. Rath, praticien d'une grande compétence.

Elle a pour but d'initier ses élèves, par la pratique et le travail personnel, à tous les détails des diverses branches du tissage, de leur faire étudier les matières premières et leurs transformations, la fabrication, l'appréciation de la valeur des marchandises. Elle forme principalement des *fabricants*, des *contremaîtres*, des *acheteurs* et des *marchands*.

L'enseignement est théorique et pratique, c'est-à-dire qu'en dehors des leçons techniques, chaque élève travaille au métier comme un ouvrier et fabrique de la toile, du velours, des rubans, de la peluche, ou dessine, ou combine et décompose les couleurs, etc.

Cet enseignement est donné par le directeur, trois professeurs, trois maîtres tisseurs et un chimiste-teinturier.

Les cours et travaux ont lieu tous les jours de huit heures à midi, et de 2 heures à 6 heures.

Quoique l'école soit municipale, et entretenue moitié par l'Etat et moitié par la ville, le vingtième à peine des 1,600 élèves qui ont passé par l'école depuis sa fondation est de Mülheim même. Les 95 0/0 restants viennent de l'Allemagne et de tous les autres pays de l'Europe et même des États-Unis. Vingt Français seulement y ont passé, tant pour apprendre la langue allemande que pour y chercher une instruction professionnelle.

« De tous mes élèves, me dit le directeur, vos compatriotes sont les plus sympathiques, mais les plus réfractaires à l'étude de l'allemand; les Belges vont sensiblement mieux; les Anglais et les Russes sont ceux qui se familiarisent le plus vite avec la langue. D'ailleurs, ajoute-t-il modestement pour expliquer le petit nombre d'élèves français, vous avez mieux que nous comme écoles de tissage, à Lyon notamment. »

La durée des cours est d'une année.

La rétribution scolaire est de 375 francs. Les élèves ont de plus à se procurer les matières premières pour leurs travaux.

J'ai pu voir l'école dans tous ses détails; j'ai pu parcourir les travaux des élèves, la collection de matières premières, j'ai vu les marchandises fabriquées par eux. Mais l'école étant encore en vacances, je n'ai pu assister ni aux cours ni aux travaux d'atelier.

Ecole professionnelle de Wiesbaden.

(Gewerbeschule.)

L'école professionnelle de Wiesbaden est une création de la Société industrielle (Gewerbe-Verein) de cette ville.

La constitution de cette société remonte à 1844.

L'éducation professionnelle des jeunes apprentis et ouvriers fut une de ses premières préoccupations. La Société le rappelle non sans un sentiment d'amour-propre parfaitement légitime, et elle est fière d'avoir devancé la Prusse, à laquelle Wiesbaden a été annexé en 1866, pour la création des écoles professionnelles.

« Quand les enfants quittent l'école primaire à l'âge de quatorze ans, ce qu'ils y ont appris n'est pas encore assez enraciné pour pouvoir durer toute la vie. Il faut continuer l'éducation du jeune homme à un âge où la raison se développe, et donner une direction pratique et utile à l'instruction de l'école primaire (1). » C'est en s'inspirant de cette pensée que la Société institua d'abord des *classes d'apprentis* qui avaient lieu trois fois par semaine le soir de 8 à 10 heures, puis plus tard des *classes d'ouvriers*, dans lesquelles on enseigna :

---

(1) *Der Lokal-Gewerbeverein zu Wiesbaden ;* Wiesbaden, Schellenberg, 1881.

La langue, la rédaction et la correspondance allemandes ;
Le calcul et la géométrie pratiques ;
Les notions les plus élémentaires des sciences.

Le dimanche après midi était consacré au dessin à main libre et au dessin linéaire.

Les patrons apprécièrent si bien les services de cette école qui leur rendait des jeunes gens plus intelligents et plus rangés, qu'ils se firent tous recevoir membres de la Société, pour avoir le droit d'y envoyer leurs apprentis et ouvriers. Aussi le nombre des élèves alla-t-il toujours en augmentant ; on ajouta aux classes du soir quelques cours du jour ; deux membres de la Société étaient désignés chaque semaine pour visiter les classes ; on prit part en 1867 à l'Exposition universelle de Paris, « et les écoles professionnelles du Nassau furent les seules en Prusse qui obtinrent une médaille de bronze ».

Jusqu'en 1881 l'école professionnelle de Wiesbaden fut obligée de se contenter de locaux prêtés. Mais à cette époque la ville lui construisit une vaste et belle maison renfermant quinze salles, pour laquelle elle ne dépensa pas moins de 250,000 francs. Depuis cette époque l'école professionnelle s'appartient, elle a son chez soi ; la Société industrielle peut la compléter et la perfectionner.

« Mais elle tient avant tout à rester une école d'ouvriers, et à fournir aux travailleurs jeunes et vieux l'occasion d'acquérir des connaissances techniques nécessaires à leur métier. Elle ne poursuit pas d'autre but ; elle ne veut faire ni des architectes ni des artistes, mais des ouvriers intelligents et habiles (1). »

L'école se divise en deux grandes sections :

Premièrement la *classe d'adultes* (Fortbildungsschule), qui comprend les cours du soir et du dimanche ;

Secondement l'*école professionnelle proprement dite* (Fachschule), divisée en trois groupes suivant la profession des élèves :

1º Le groupe des ouvriers en bois ;

2º Le groupe des ouvriers en métal et des industries qui s'y rattachent ;

3º Le groupe des peintres-décorateurs, sculpteurs, lithographes, bijoutiers, ébénistes, etc.

Les classes pour les trois groupes ont lieu tous les jours de la semaine, et sont organisées de telle façon que l'élève peut continuer son apprentissage à l'atelier, tout en suivant les leçons de l'école.

Le dessin y occupe une place considérable ; puis viennent le modelage, la sculpture sur bois, le calcul, la comptabilité, la langue allemande, la calligraphie, la géométrie, des notions usuelles de sciences.

---

(1) *Bericht über den Stand und die Leistungen des Lokal-Gewerbevereins;* Wiesbaden, Weiser, 1885.

Comme cette école est entretenue par la Société industrielle, elle n'est pas liée par les plans d'études officiels ; son organisation est plus mobile ; elle peut modifier ses programmes par la création de cours nouveaux ; elle a des allures plus libres que si elle était une école publique.

C'est ainsi qu'elle a ouvert en 1883 un cours professionnel pour les cordonniers. Elle était frappée de l'inhabileté de la plupart des ouvriers, des déformations nombreuses et des tortures infligées aux pieds des enfants par des chaussures mal faites, et elle chargea un sculpteur-anatomiste et un habile maître-cordonnier d'organiser cette section. Anatomie du pied, muscles en action pendant la marche, moulage et dessin des pieds, confections de formes exactes, tracé de la plante du pied sur une surface plane, confection de chaussures, etc., tels sont les différents chapitres du programme de ce cours de cordonnerie, qui a fait sourire d'abord, tant qu'on n'en comprenait pas l'utilité, mais qui aujourd'hui est suivi non seulement par un grand nombre d'apprentis et d'ouvriers, mais même par des patrons. Et ce cours est tellement apprécié, que les maîtres-bottiers se recommandent auprès de leurs clients de leur qualité d'élèves de la classe professionnelle.

La rétribution scolaire annuelle est de 45 francs pour l'ensemble des cours. Elle varie de 12 fr. 50 à 25 francs pour les cours isolés.

La Société a créé en outre, en 1885, une *section de dessin et de peinture pour les jeunes filles*, dont les leçons ont lieu quatre fois par semaine le jour, et qui est très fréquentée par les ouvrières en fleurs et en éventails, les modistes, les lingères, les couturières.

De plus, comme le dessin n'est guère enseigné dans les écoles primaires, la Société a organisé des cours de dessin, qui ont lieu les jours de congé pour les élèves de ces écoles. Ces cours sont également très fréquentés et les classes de dessin des adultes se ressentent de cette préparation.

Le nombre total des élèves qui fréquentent en ce moment les différentes sections de l'école professionnelle s'élève à 1,150 : toutes les professions y sont représentées.

Les leçons sont données par 18 maîtres : un architecte, un peintre, un sculpteur, 12 instituteurs, 3 contremaîtres.

Les fonctions de directeur sont gratuites. Elles sont exercées depuis vingt ans par M. Gaab, rentier, ancien entrepreneur de menuiserie, président de la Société industrielle, dont le sens pratique, la compétence et le dévouement ont fait l'école ce qu'elle est.

Une annexe de cette école professionnelle, ce sont les examens institués dès 1868 que l'on propose aux apprentis de subir pour passer ouvriers. Ils sont facultatifs, cela va sans dire, mais la grande majorité des apprentis demandent à y prendre part. Leur demande doit indiquer le nom du patron chez lequel ils ont appris le métier, les cours qu'ils ont suivis à l'école professionnelle et mentionner s'ils

veulent se soumettre à l'examen théorique et pratique, ou seulement
à l'examen pratique.

Cet examen a lieu chaque année au printemps. Il se compose
d'épreuves théoriques et d'épreuves pratiques. Les premières comprennent :

Une rédaction allemande,

La comptabilité usuelle,

Le calcul appliqué,

La géométrie (mesure des surfaces et des volumes),

Le dessin,

Et, comme matières facultatives, des notions de sciences et de
mécanique.

Les épreuves pratiques comportent :

Des interrogations sur les outils, les matières premières, les
matériaux à ouvrer, les manipulations, etc ;

L'exécution d'un objet (Gesellenstück) qui répond à peu près à
l'ancien « chef-d'œuvre ».

Comme c'est la Société industrielle, dont font partie tous les
industriels et patrons, qui a institué ce diplôme, les apprentis
tiennent à subir l'examen afin de se placer plus facilement et plus
avantageusement. Il y a eu 29 candidats en 1885.

Les élèves ouvriers qui ont l'ambition de passer contremaîtres plus
tard peuvent subir également un examen théorique à la fin des cours.

J'ai dit que l'école est privée : mais elle reçoit des subventions
annuelles de l'Etat (5,800 fr.), de la province (1,500 fr.), et de la ville
de Wiesbaden (3,000 fr.).

Grâce à l'action du Gewerbe-Verein, au dehors un grand nombre
de petites villes, de bourgs et de communes rurales de l'ancien duché
de Nassau possèdent également des classes d'adultes dites industrielles
(gewerbliche Fortbildungsschulen). Il s'en trouve 57 dans la province
avec enseignement régulier du dessin, qui sont fréquentées par
5,600 adultes.

École professionnelle céramique de Höhr-Grenzhausen.

(Keramische Fachschule.)

Höhr (2,800 habitants) et Grenzhausen (1,500) sont deux bourgs de
l'ancien duché de Nassau dans lesquels, de temps immémorial, on
fabrique de la poterie dont la matière première, d'excellente qualité,
se trouve en grande quantité dans le voisinage.

Au XVIᵉ siècle on fabriquait de la poterie artistique. On y revient
depuis une vingtaine d'années, et en 1879, pour donner à l'industrie
une impulsion et une direction nouvelles en développant le goût
artistique des ouvriers, les deux communes et l'Etat, sur l'initiative
de la Société industrielle dont il a été parlé plus haut, ont créé cette
École professionnelle céramique.

Elle est destinée à former par la théorie et par la pratique des ouvriers habiles : modeleurs, peintres sur poterie, tourneurs.

Elle reçoit des jeunes gens âgés de quatorze ans au moins, et possédant le certificat d'études primaires.

Le cours d'études est de trois années. La rétribution scolaire est de 25 francs par an pour les jeunes gens de Höhr et Grenzhausen, de 37 fr. 50 c. pour les étrangers, mais l'école fournit gratuitement le matériel du dessin et du modelage. Un élève sur six peut être reçu gratuitement.

Les élèves ont 30 heures de classes par semaine :

10 heures consacrées au dessin d'ornement (modèles, plâtres, académies) ;

12 heures au modelage et autres travaux manuels ;

4 heures au dessin géométrique (projection et perspective);

2 heures à l'étude de la chimie dans ses applications à la fabrication des poteries, et aux couleurs, styles divers de la céramique dans l'antiquité, à l'époque de la Renaissance et dans les temps modernes ;

2 heures à la fabrication dans son ensemble.

Vingt-deux élèves fréquentent en ce moment cette école. J'y ai trouvé deux jeunes gens d'un village du Bas-Rhin où l'on fabrique la poterie depuis longtemps, mais où l'on n'avait jamais songé à créer une école céramique et où l'on n'est jamais sorti de la routine. A leur retour ils fabriqueront de la poterie artistique.

L'école est installée depuis sa création dans une maison louée par la commune. Mais une construction nouvelle est décidée.

Le directeur, M. Meisser, artiste modeleur, reçoit un traitement de 4,800 francs :

Chacun des professeurs, pour la peinture, pour le dessin, pour le travail pratique, 3,000 francs.

Ces traitements sont faits par l'État.

Les élèves qui depuis 1882 ont quitté l'école sont tous ouvriers ou contremaîtres ; quelques-uns, fils de fabricants, deviendront patrons eux-mêmes.

L'examen des travaux, poteries, dessins, modelages, faits par les élèves, montre à quel point cette étude a développé leur habileté manuelle, leur goût et leur sens artistique.

A cette école sont annexées des cours du soir (gewerbliche Fortbildungsschule), qui ont lieu dans la semaine de 8 à 10 heures, et le dimanche matin. Ils sont fréquentés par les apprentis et ouvriers potiers de la localité.

Les écoles industrielles et agricoles du Wurtemberg, et l'école de construction de Stuttgart.

(Königlich-Württembergische Baugewerkschule.)

Dans le Wurtemberg, pays agricole, les écoles professionnelles ne sont plus exclusivement industrielles.

Nous y trouvons d'abord :

L'*Institut agronomique et horticole* de Hohenheim, avec ses champs d'expériences, ses essais de culture, ses laboratoires d'essai et ses jardins ; les trois *écoles agricoles* (Ackerbauschulen) d'Ellwangen, d'Ochsenhausen, de Kirchberg, et l'*école vinicole* de Weinsberg ; et les cinq *écoles agricoles* de Hall, Heilbronn, Ravensberg, Reutlingen et Ulm, ouvertes en hiver seulement (landwirthschaftliche Winterschulen) et fréquentées par les fils des petits cultivateurs.

Au-dessous de ces écoles spéciales, les *classes d'adultes* (1) de 680 communes rurales sont des *cours agricoles* (landwirthschaftliche Fortbildungschulen), c'est-à-dire que l'enseignement agricole y prédomine. Mais ces cours ne produisent des résultats utiles que là où un agronome compétent, placé lui-même à la tête d'une exploitation, se charge de l'enseignement de l'agriculture, pendant que l'instituteur donne l'enseignement du dessin, de la correspondance, du calcul, de la comptabilité.

Dans le Wurtemberg comme en France le paysan n'aime pas recevoir des leçons de celui qui ne tient pas le manche de la charrue.

Les classes d'adultes professionnelles *d'un caractère industriel* (gewerbliche Fortbildungsschulen), également obligatoires là où la commune leur donne ce caractère, sont celles que suivent les apprentis et ouvriers jusqu'à l'âge de dix-huit ans. On y enseigne le dessin, le calcul la comptabilité, la correspondance et la calligraphie. Il en existe 154 pour les garçons, sans parler des 16 villes dans lesquelles existent des écoles de travail manuel (couture et coupe) ou des écoles ménagères pour les jeunes filles.

L'*École royale professionnelle de construction* (königliche Baugewerkschule) a été fondée en 1845 par M. Eglé, l'un des plus savants et plus habiles architectes de l'Allemagne, qui la dirige encore aujourd'hui et qui m'a fait les honneurs de « son école » avec le plus obligeant empressement. C'est lui aussi qui a construit la maison, je devrais dire le palais, dans laquelle elle est installée.

Cette école a pour but de donner l'instruction technique nécessaire aux employés et dessinateurs des ingénieurs-architectes et des constructeurs de machines ;

Aux contremaîtres ;

Aux conducteurs des ponts et chaussées ;

Aux géomètres ;

Aux chefs des ateliers de construction et des fabriques ;

Aux entrepreneurs de construction, de menuiserie, de serrurerie.

Trois cours d'instruction générale (Vorklassen), d'un semestre cha-

---

(1) Comme dans le grand-duché de Bade, l'école d'adultes du dimanche est obligatoire pour tous les jeunes gens de quatorze à dix-huit ans. Mais la commune peut créer et rendre également obligatoire l'école d'adultes de la semaine (trois fois par semaine) à la place de la classe du dimanche.

cun, précèdent les classes professionnelles proprement dites (Fachklassen). Ils sont destinés aux élèves qui sortent des écoles primaires ou qui ne sont pas suffisamment forts en dessin, en mathématiques et en sciences naturelles pour pouvoir suivre les cours professionnels.

On y enseigne les langues allemande et française,
La calligraphie,
La géographie et l'histoire,
Les notions élémentaires des sciences,
Le dessin sous toutes ses formes.

Le nombre des heures de classe est de 45 par semaine. Mais les élèves qui justifient de connaissances suffisantes peuvent être dispensés de tout ou partie de ces cours préparatoires.

Viennent ensuite les cours professionnels :

Ce sont d'abord trois cours successifs, d'un semestre chacun, pour les architectes (Bautechniker), à la suite desquels les élèves subissent un examen pour l'obtention des diplômes de l'école ;

Ce sont ensuite des classes ouvertes soit l'hiver seulement, soit l'été,
Pour les contremaîtres dans les constructions (un cours) ;
Pour les conducteurs des ponts (un cours) ;
Pour les géomètres (trois cours) ;
Pour les constructeurs de machines (trois cours) ;
Pour les ébénistes, vitriers, serruriers, ferblantiers (deux semestres).

Tous ces cours sont suivis d'examens à la suite desquels l'école délivre des diplômes.

Le rapport annuel que j'ai sous les yeux contient les renseignements suivants sur la fréquentation de l'école pendant la dernière année scolaire.

Le nombre des élèves était de 332, dont 258 Wurtembergeois ;
11 étaient architectes ;
148 maçons et tailleurs de pierres ;
55 charpentiers ;
46 géomètres ;
33 mécaniciens ;
6 menuisiers ;
40 apprentis de diverses professions.
Quant à leurs études antérieures,
85 sortaient des écoles primaires :
206 des écoles primaires supérieures ;
35 des gymnases ;
7 du Polytechnikum ou de l'université.

D'après leur âge, 146 avaient moins de 20 ans, *173 de 20 à 30 ans.* 13 plus de 30 ans.

En été le nombre descend ordinairement au tiers de la fréquentation en hiver.

L'école est entretenue par l'État. Son budget s'élève à 250,000 francs par an.

La rétribution scolaire payée par les élèves est de 37 fr. 50 par semestre. Les élèves trouvent en ville le logement, la pension et le chauffage moyennant 300 à 380 francs par semestre de 4 mois et demi.

Le personnel enseignant se compose du directeur, de 25 professeurs titulaires et de 8 professeurs auxiliaires.

Avant de quitter le Wurtemberg, je dois mentionner encore une institution destinée à relever l'apprentissage et à améliorer l'éducation professionnelle des apprentis et des ouvriers.

Je veux parler des examens d'apprentis institués en 1885 par le gouvernement sur la demande des sociétés industrielles. Ces examens n'ont et ne peuvent avoir aucun caractère obligatoire. *Ils sont facultatifs*, mais à en juger par le grand nombre d'apprentis qui demandent à les subir, on peut espérer que bientôt tous voudront avoir ces certificats destinés à constater leur aptitude professionnelle et que dans ce but ils fréquenteront plus assidûment et plus longtemps les classes d'adultes professionnelles.

Pour pouvoir être admis à l'examen, l'apprenti doit produire en effet les attestations constatant non seulement qu'il travaille depuis un temps déterminé dans un atelier, mais aussi qu'il a fréquenté un cours professionnel.

Le jury d'examen qui délivre ces brevets se compose du président de la commission scolaire de la localité, du directeur de la classe professionnelle, du président de la Société industrielle locale, lesquels s'adjoignent en outre des représentants des différents métiers.

Les épreuves de ces examens des apprentis ouvriers comprennent des épreuves d'instruction et une épreuve manuelle :

La lecture;

Une rédaction sur une question d'affaires;

Une question de calcul ;

Des questions sur la tenue des livres de l'artisan;

Des questions sur les notions les plus usuelles des sciences en rapport avec la profession;

Le dessin linéaire et d'ornement :

Des questions sur la nature, la qualité et l'emploi des matières premières employées dans le métier;

La description des machines et outils que manie l'apprenti;

Enfin, l'exécution, sous la surveillance d'un membre du jury, d'un travail destiné à constater l'habileté manuelle, le savoir-faire, le goût de l'apprenti.

On me dit que ce diplôme professionnel est très apprécié et très recherché. Il constitue une recommandation pour ceux qui le possèdent et rend l'apprentissage plus sérieux.

Les écoles professionnelles du grand-duché de Bade et les écoles d'horlogerie de la Forêt-Noire.

(Gewerbliche Fortbildungsschulen. Karlsruher Baugewerkschule und Kunstgewerbeschule. Pforzheimer Kunstgewerbeschule. Uhrmacher-und Schnitzereischule in Furtwangen.)

Je dois la plus grande partie de mes renseignements à M. Armbruster,
directeur de l'enseignement primaire à Karlsruhe, officier d'académie, qui s'est mis à ma disposition avec le plus obligeant empressement pour me faciliter ma mission.

Dans le grand-duché de Bade, la fréquentation d'une *classe d'adultes* (Fortbildungsschule) est obligatoire deux heures par semaine, le
dimanche, pour les jeunes gens, garçons et filles, de quatorze à
seize ans. Mais la commune peut la rendre obligatoire jusqu'à dix-
huit ans, et la placer aux jours de la semaine.

Dans les villes, cette classe d'adultes a un caractère professionnel
(gewerbliche Fortbildungsschule, ou plus simplement Gewerbeschule),
et une place prépondérante est faite au dessin à main libre et d'ornement, au dessin géométrique, à la comptabilité, à des notions de
sciences physiques. *Elle est obligatoire pour tous les apprentis et
ouvriers au-dessous de dix-huit ans :* et la loi inflige une amende au
patron qui empêcherait ses apprentis et ouvriers de la fréquenter.

Ces classes ou écoles sont au nombre de 46 dans le grand-duché.
Elles ont été régulièrement fréquentées, pendant la dernière année
scolaire, par 585 jeunes gens. La dépense totale à laquelle elles ont
donné lieu s'est élevée à la somme de 230,000 francs, dont 96,250
fournis par l'Etat.

Les instituteurs de ces écoles (Gewerbeschullehrer) sont formés à
l'école de construction (Baugewerkschule) de Karlsruhe. Tous ceux
qui sont pourvus du diplôme de cette école ont droit à un traitement de 1,500 francs quand ils exercent à titre provisoire, et de
1,875 francs, avec augmentations successives jusqu'à 4,375 francs,
quand ils sont titulaires.

Au-dessus de ces gewerbliche Fortbildungsschulen se trouvent des
écoles professionnelles d'un ordre plus élevé.

En première ligne vient l'*École professionnelle d'architecture et de
construction* (Baugewerkschule), de Karlsruhe, fondée en 1879, dont
le cours embrasse quatre semestres.

Des jeunes gens de quatorze ans peuvent y être admis; mais la plupart
des élèves sont plus âgés et sortent des cours professionnels dont il
vient d'être question. La plupart, comme dans les écoles similaires
de Cologne et de Stuttgart, ont déjà travaillé pendant deux ou
plusieurs années dans les ateliers.

Une section de mécaniciens a été annexée à l'école en 1884; et l'institution récente d'un certificat d'aptitude pour les contremaîtres lui a amené un grand nombre d'élèves. Des élèves-maîtres et des instituteurs suivent également ces écoles pour se préparer à l'enseignement technique des Gewerbeschulen.

La rétribution scolaire est de 37 fr. 50 c. par semestre.

Le personnel enseignant se compose du directeur, de quatre professeurs techniques (trois architectes et un ingénieur), de deux professeurs pour l'allemand, la géographie et les sciences, d'un professeur de dessin, de six professeurs auxiliaires pour le modelage, les mathématiques, la géométrie descriptive et la calligraphie.

L'*Ecole professionnelle des arts* (Kunstgewerbeschule) de Karlsruhe, fondée en 1865, enseigne avant tout le dessin de toute nature, puis la calligraphie, la composition allemande, l'arithmétique, la méthode d'enseignement du dessin, la géométrie, les projections, la perspective, le modelage en terre et en cire, et la sculpture sur bois.

Le cours y est de deux années.

A côté de ces matières de l'enseignement général, communes à toutes les classes, se placent des cours plus spécialement professionnels pour les peintres-décorateurs, les sculpteurs, les modeleurs, et les ciseleurs.

Une école du soir y est annexée pour les cours de modelage et de dessin destinés aux ouvriers.

La rétribution scolaire est de 37 fr. 50 c. par an pour les élèves du jour, de 12 fr. 50 c. pour les élèves du soir.

Une deuxième *Ecole professionnelle* du même genre existe depuis 1877 à Pforzheim, où se trouvent de nombreuses fabriques d'articles de bijouterie.

Elle a pour but de former le goût et de perfectionner la fabrication en préparant des ouvriers habiles et des contremaitres, les dessinateurs, les modeleurs et les ciseleurs que réclame l'industrie de Pforzheim.

Pour y être admis les élèves doivent avoir seize ans accomplis, et avoir fréquenté pendant deux années au moins une classe professionnelle d'adultes.

Le personnel enseignant se compose du directeur et de deux professeurs.

Les classes ont lieu quatre heures le matin, et deux heures le soir de 6 à 8 heures.

La rétribution scolaire varie de 20 à 30 francs.

Le cours est de trois années, et comprend les matières d'enseignement suivantes :

	1re ANNÉE	2me ANNÉE	3me ANNÉE
	Heures	Heures	Heures
La perspective et l'étude des ombres.	4	»	2
Le dessin d'architecture	4	2	2
L'étude de l'ornement	4	2	2

	1re ANNÉE	2me ANNÉE	3me ANNÉE
	Heures	Heures	Heures
Le dessin à main libre.	4	2	»
Le dessin académique	2	2	2
L'étude des couleurs et la peinture.	2	2	2
La peinture sur émail.	3	3	3
Les projets de modèles.	2	2	4
Le modelage	6	6	6
La gravure, ciselure	»	»	8
La galvanoplastie	»	2	2
TOTAL des heures par semaine .	31	23	34

Mais les véritables écoles professionnelles, avec ateliers manuels, ce sont les *Fachschulen* de Furtwangen.

Furtwangen est une petite ville située sur un des plateaux supérieurs de la Forêt-Noire. C'est le centre de la fabrication des pendules, des horloges et des orchestrions. On y voit plusieurs grandes fabriques, entre autres celle de l'Union Clock Company de Londres et une fabrique de téléphones et de télégraphes; mais dans tous les villages et chalets de la région on manie la lime, le ciseau et le pinceau pour fabriquer ou terminer les horloges, ciseler le bois et peindre des arabesques sur les « coucous ».

J'ai trouvé dans cette petite ville tout un ensemble d'institutions qui montrent bien combien le gouvernement, la commune, la société industrielle (Gewerbe-Verein) se préoccupent de perfectionner l'industrie et de faire l'éducation des ouvriers.

C'est tout d'abord l'*École professionnelle* (Gewerbeschule) que fréquentent les élèves de l'école de sculpture sur bois, les apprentis et ouvriers des ateliers de la ville, tous ceux qui ont besoin de compléter leur instruction primaire et de s'exercer au dessin. Elle ne diffère des autres écoles similaires du grand-duché que par les cours de dessin, de sciences et de mécanique faits en vue de l'horlogerie, de la sculpture sur bois, de la fabrication des orchestrions. Le cours y est de trois ans; elle reçoit, à l'heure qu'il est, 56 élèves.

Vient ensuite l'*École grand-ducale d'horlogerie* (grossherzogliche Uhrmacherschule), qui date de 1877 et qui a pour but de former d'habiles ouvriers dans les différentes branches de l'industrie de l'horlogerie de la Forêt-Noire.

Pour y être admis les élèves doivent justifier:

Qu'ils ont seize ans au moins (1);

Qu'ils ont travaillé pendant deux ans au moins dans un atelier d'horlogerie, et qu'ils y ont fait preuve d'une aptitude sérieuse.

Le cours comprend trois années d'études: une année préparatoire et deux années de cours proprement dits.

---

1) L'âge des 24 élèves que j'y ai trouvés varie de seize à trente-trois ans.

La surveillance locale est exercée par un conseil de perfectionnement ainsi composé :

Deux membres nommés par le ministère ;

Deux membres nommés par les conseils d'arrondissement de Fribourg et de Villingen ;

Deux membres nommés par le conseil municipal de Furtwangen ;

Le président de l'exposition industrielle de Furtwangen ;

Le directeur et les professeurs de l'école.

L'enseignement théorique est donné de 8 h. à midi (24 heures par semaine). Il comprend :

Le dessin à main libre et d'ornement, et l'étude des projections ;

La géométrie et l'algèbre ;

La physique et la détermination du temps ;

La mécanique ;

L'étude des matériaux, des outils et des machines de l'horlogerie ;

L'horlogerie ;

La comptabilité.

Les travaux manuels ont lieu de 1 heure à 7 heures pendant les six jours de la semaine. Les élèves y apprennent à manier les outils et les instruments des fabriques, à fabriquer les outils indispensables, à terminer les différentes parties de l'horloge, à démonter et à remonter les ouvrages d'ensemble, afin d'acquérir l'habileté de main et la dextérité nécessaires aux travaux d'horlogerie.

Le personnel enseignant se compose du directeur, M. Hubbuch, ingénieur, chargé du cours de physique et de mécanique, d'un professeur de mathématiques, d'un professeur de dessin d'art, d'un horloger directeur des travaux pratiques.

La rétribution scolaire est de 31 fr. 25 par an ; mais l'école fournit le matériel d'enseignement, et des bourses variant de 250 à 350 francs sont accordées par l'Etat et les deux arrondissements intéressés.

Avant de quitter l'école, les élèves subissent un examen de sortie qui porte sur l'horlogerie. Chaque élève joint aux épreuves de cet examen les objets fabriqués par lui.

En sortant de l'école la plupart des élèves sont employés dans les ateliers où ils gagnent, au début, 3 fr. 15 c. par jour.

Dans un bâtiment voisin de l'école d'horlogerie se trouve l'*École grand-ducale de sculpture sur bois* (grossherzogliche Schnitzereischule), fondée également en 1877.

On y enseigne le dessin à main libre, 10 heures par semaine ;

Le modelage, 8 heures par semaine ;

La sculpture sur bois, 35 heures par semaine.

Mais les élèves sont tenus de suivre en outre le cours d'instruction générale de la Gewerbeschule.

La seule condition d'admission est de justifier de l'âge de quatorze ans et de la possession du certificat d'études primaires.

L'école est fréquentée en ce moment par 27 élèves.

La rétribution scolaire est de 25 francs par an.

L'organisation est d'ailleurs la même que celle de l'école d'horlogerie, pour la surveillance locale, pour les bourses et les examens de sortie.

Les travaux exécutés par les élèves sont la propriété de l'école, mais ils peuvent leur être remis contre remboursement de la matière première. L'école conserve la reproduction photographique des ornements sculptés par les élèves. J'en ai rapporté quelques échantillons vraiment fort bien exécutés.

Le personnel enseignant de l'école se compose du directeur, M. Koch, sculpteur, d'un professeur de modelage et d'un professeur de dessin.

Le *tressage de la paille*, qui est une autre industrie de tous les villages de cette région montagneuse, est également enseigné dans un certain nombre d'écoles par les maîtresses de travaux manuels. Mais si cette industrie y gagne, les travaux d'aiguille en souffrent, me dit-on, et sont complètement négligés ; 700 à 800 jeunes filles suivent ces cours.

Je ne parle que pour mémoire de quatre *écoles de musique* (Musikschulen) que je n'ai pu visiter.

On appelle ainsi des écoles dans lesquelles on donne d'abord, dans une première année, des notions de musique plus complètes qu'à l'école primaire, à des jeunes gens qui se destinent à la fabrication des orgues et orchestrions. Cet enseignement est donné par les instituteurs.

Pendant la seconde année un maître spécial, musicien et fabricant de ces instruments, se rend successivement dans les quatre localités où existent ces écoles, à Villingen, à Furtwangen, à Unterkirnach, à Vöhrenbach, afin de donner aux élèves l'enseignement technique et pratique, et de leur enseigner l'arrangement des morceaux et le dessin et la confection des rouleaux. Il est chargé en outre de diriger et de conseiller les fabricants, et de vérifier l'arrangement des airs qu'il s'agit de reproduire.

Ce maître ambulant, qui réside à Vöhrenbach, est payé par l'Etat et les deux arrondissements intéressés.

A côté des deux écoles d'horlogerie et de sculpture sur bois de Furtwangen, il y a dans cette petite ville deux autres institutions qui contribuent autant que ces écoles à perfectionner l'industrie de la région et qui méritent d'être signalées, parce qu'elles montrent quels efforts on fait pour perfectionner et maintenir au niveau du marché moderne une industrie qui fait la fortune des habitants de la région.

C'est d'abord l'*Exposition permanente* des meilleurs produits fabriqués dans la Forêt-Noire, horloges et pendules de toute nature, ornements en bois sculpté, orchestrions de toutes dimensions, vannerie et objets en paille, téléphones et télégraphes. Elle est organisée par la Société industrielle (Gewerbeverein) de Furtwangen.

C'est ensuite la *Succursale de l'Exposition industrielle grand-ducale de Karlsruhe,* dans laquelle on montre par quelles transformations successives a passé l'industrie de la Forêt-Noire, depuis l'horloge en bois du xvie siècle jusqu'à la pendule moderne. On y voit en outre tout ce que l'industrie et l'art décoratif ont produit de meilleur à l'étranger, en Angleterre, en France, à Paris : des plâtres reproduisant des meubles ou des panneaux des anciens châteaux, des modèles de tous genres, des émaux donnant des indications et des motifs d'ornement pour des cadres nouveaux. C'est un enseignement par les yeux de tous les jours pour les industriels et les dessinateurs de la région.

Le gouvernement a placé à la tête de cette exposition un homme fort compétent qui est en même temps ouvrier et artiste, M. Bichweiler. Il a sous ses ordres deux dessinateurs qui font les nouveaux modèles pour les fabricants. Il ne se renferme pas dans son musée : il voyage, il parcourt le pays, il est en relations continuelles avec les patrons et les ouvriers pour diriger et former leur goût, pour leur indiquer les meilleurs modèles et les tenir au courant des progrès réalisés dans tous les pays.

Les écoles professionnelles et l'école de construction de Hambourg.

(Gewerbeschulen und Schule für Bauhandwerker.)

Ces écoles ont été visitées par M. le directeur de l'enseignement primaire. Elles sont dirigées par M. Stuhlmann, qui a mis gracieusement à la disposition de M. Buisson tous les renseignements et documents sur leur fonctionnement.

Elles se composent :

1º De classes d'enseignement général qui comprennent une école d'adultes du soir et du dimanche (*Abend- und Sonntagsschule*), et une école d'adultes du jour (*Tagesschule*);

2º De classes professionnelles proprement dites pour les professions qui se rapportent à la construction (*Schule für Bauhandwerker*).

Les écoles d'adultes du soir ont lieu dans la semaine, de 5 à 7 heures du soir pour le cours élémentaire, de 5 à 9 heures pour les cours moyen et supérieur, et le dimanche de 8 heures à midi. L'enseignement porte sur toutes les matières du programme d'enseignement primaire, et particulièrement sur la tenue des livres, le dessin, les notions de mathématiques et de sciences « que les apprentis ne peuvent apprendre dans les ateliers ».

La rétribution scolaire varie de 7 fr. 50 c. à 15 francs par semestre suivant les cours.

Les écoles d'adultes du jour donnent une instruction plus élevée, en vue surtout des professions qui exigent plus de goût et des études plus complètes dans le dessin et les mathématiques. Elles comprennent également trois divisions.

Un cours professionnel spécial est ouvert pendant l'hiver pour les ébénistes et les décorateurs.

Aucune de ces classes d'adultes n'est obligatoire, mais de fait elles sont fréquentées par l'immense majorité des apprentis, puisque la loi impériale sur l'organisation industrielle *(Gewerbeordnung)* oblige *tous les artisans et chefs d'industrie à laisser à leurs apprentis au moins six heures libres par semaine pour pouvoir fréquenter une Gewerbeschule.*

Pendant l'été de 1885, le nombre des élèves était de 1,969; pendant le semestre d'hiver 1885-1886 il s'élevait à 2,688.

L'école professionnelle proprement dite, spéciale aux ouvriers employés aux constructions *(Schule für Bauhandwerker)* a pour objet de donner aux maçons, aux tailleurs de pierres, aux charpentiers, aux menuisiers, les connaissances indispensables à leur future profession, ou de les préparer aux écoles spéciales.

Elle se compose de quatre classes, dont l'une, la plus élevée, est subdivisée en deux sections. Pour être admis dans le cours élémentaire, il suffit que l'élève sache écrire convenablement une dictée et faire les quatre règles.

La rétribution scolaire est de 112 fr. 50 c. par an. Le nombre des élèves est de 161.

Pour donner une idée de la direction donnée aux études, il suffira de reproduire le programme des matières enseignées et le nombre d'heures affectées à chacune d'elles :

	4me CLASSE	3me CLASSE	2me CLASSE	1re CLASSE	
				a	*b*
Écriture	2	—	—	—	—
Langue allemande	4	—	—	—	—
Composition, lettres d'affaires	—	—	3	1	1
Tenue des livres	—	—	—	2	1
Calcul	5	—	—	—	—
Algèbre	5	4	3	2	—
Géométrie	4	4	3	1	—
Trigonométrie	—	—	1	1	—
Application des mathématiques	—	2	2	1	4
Sciences physiques	—	2	4	3	2
Matériaux de construction	—	—	—	3	2
Dessin à main libre	8	6	4	4	4
Étude de l'ornement	—	2	1	—	—
Dessin linéaire	10	—	—	—	—
Projection et géom. descriptive	—	6	6	4	4
Statique	—	—	—	2	2
Étude de la construction	2	5	5	4	—
Dessin de construction	8	10	6	2	2
Étude des formes et des styles	—	4	4	2	1
Projets et exécution des constructions	—	—	8	18	19
TOTAUX	48	48	50	50	42

Les examens de sortie se font avec un certain appareil qui donne plus de prix et de valeur au diplôme. Ils sont subis devant le personnel enseignant de l'école et les représentants de l'Association de constructeurs « Bauhütte zu Hamburg ».

L'école municipale professionnelle de Hanovre.

(Städtische Gewerbeschule.)

La notice sur cette école a été envoyée au ministère par M. Duplessis, professeur d'école normale, titulaire d'une bourse de séjour à l'étranger, qui a habité Hanovre pendant toute l'année scolaire 1885-1886.

La Gewerbeschule de cette ville n'est pas une école professionnelle *spéciale* (Fachschule), préparant à une catégorie de professions déterminées, comme celles de la Province Rhénane; c'est plutôt une simple *classe d'adultes* pour les apprentis de la ville. Le règlement d'organisation impose d'ailleurs aux apprentis de tous les métiers, âgés de moins de dix-huit ans, l'obligation de la fréquenter pendant trois années au moins, à partir du jour où ils entrent en apprentissage, sous peine d'une amende pouvant s'élever à 18 fr. 75 c. et, en cas d'indigence, de trois jours de prison. Le même règlement inflige une amende qui peut s'élever jusqu'à 37 fr. 50 c. aux patrons qui empêcheraient leurs apprentis de suivre les cours.

Les ouvriers ne sont pas admis dans cette école.

Les classes ont lieu dans la semaine de 8 à 9 heures 1/2 du soir, et le dimanche de 9 heures à midi.

La rétribution scolaire est de 3 fr. 75 c. par semestre pour deux cours de 1 heure 1/2 chacun.

Les programmes comprennent surtout le dessin, le modelage et la tenue des livres, et les apprentis suivent habituellement deux des cours.

Ceux qui se destinent au bâtiment suivent les cours de dessin. Les employés de commerce suivent les cours de comptabilité. Le cours de langue allemande comprend principalement la rédaction de lettres d'affaires. Il en résulte que les élèves sont de forces très inégales et que les études professionnelles ne peuvent être poussées très loin. En quittant l'école chaque élève reçoit une attestation sur sa conduite, son aptitude, ses progrès, qui lui sert de recommandation auprès des patrons chez lesquels il veut se placer.

Les écoles techniques et professionnelles de Chemnitz et de la Saxe.

(Technische Lehranstalten.)

Le rapport annuel sur la situation de l'instruction publique de la Saxe en 1885 énumère cette année, pour la première fois, les écoles professionnelles.

Ce sont :

Les établissements techniques de Chemnitz, avec . .   695 élèves;
Les classes d'adultes professionnelles de Leipzig . .   260   —
L'école technique privée de Mitweida   322   —
Les cinq écoles royales d'architecture de Dresde,
Leipzig, Zittau et Chemnitz   518   —
Les vingt-huit écoles de tissage, de tricot à la machine
et de passementerie, parmi lesquelles six sont des
écoles du jour, avec   22   —
Et vingt-deux sont des classes du soir, avec.   . .   1481   —
Vingt écoles professionnelles diverses spéciales pour
peintres, potiers, ferblantiers, horlogers, sculpteurs,
tailleurs, coiffeurs, vanniers, etc., etc.   1325   —
Des cours pour les chauffeurs et les mécaniciens
et deux écoles de mineurs à Friedberg et à Zwickau .   93   —
Enfin vingt-deux classes d'adultes professionnelles
sans spécialisation, avec   4651   —
Il faut ajouter à cette liste :
Neuf écoles de couture, de coupe et d'assemblage
pour les femmes et jeunes filles, avec.   1117   —
Dix écoles agricoles et horticoles.   523   —
Vingt-cinq écoles commerciales.   2539   —

Et nous aurons une idée de ce que l'on fait en Saxe pour faire sortir les artisans de leur routine, pour développer l'enseignement professionnel et commercial, pour former en un mot d'habiles ouvriers et de bons contremaîtres.

La plupart des écoles ont été fondées et sont entretenues par les associations industrielles, quelques-unes par les communes, un petit nombre seulement par l'Etat.

M. Davesne, ancien élève de l'école normale d'instituteurs de Châlons-sur-Marne, titulaire, de 1884 à 1886, d'une bourse de séjour en Autriche et en Saxe, a visité plusieurs écoles professionnelles de la région de Chemnitz. Les extraits suivants sont empruntés à son rapport.

Les premières écoles visitées sont connues sous le nom d'Ecoles techniques de l'Etat (technische Staatslehranstalten) de Chemnitz, et sont à coup sûr les plus importantes écoles professionnelles de la Saxe. Ce sont :

a) *L'École professionnelle supérieure* (höhere Gewerbeschule) ;
b) *L'École du bâtiment* (Baugewerkschule);
c) *L'École de contremaîtres* (Werkmeisterschule) ;
d) *L'École de dessin industriel* (Gewerbzeichenschule).

L'École de dessin industriel est elle-même divisée en 3 sections.
1° Pour la technologie mécanique ;
2° Pour la technologie chimique ;

3° Pour l'architecture.

Le but de toutes ces écoles, réunies dans un même bâtiment et confiées au même directeur, est, d'après le programme, « d'offrir aux jeunes gens les moyens d'acquérir les connaissances scientifiques nécessaires à la profession qu'ils veulent embrasser ».

Les conditions d'admission à l'Ecole professionnelle supérieure sont les suivantes : avoir quinze ans accomplis et avoir suivi avec succès les cours d'un gymnase ou d'une Realschule jusqu'à la seconde classe. Tout aspirant pour la 3e section doit avoir *exercé comme praticien pendant six mois au moins*, et subir un examen d'entrée qui est assez sérieux.

Des examens ont lieu à la fin de chaque semestre, et les élèves seu's qui ont obtenu au moins la mention « suffisant » (genügend) sont admis dans le cours suivant.

Les études durent de trois à quatre ans et comprennent un programme très étendu. L'étude de la géographie, de l'histoire, de la langue française et anglaise, est facultative. Le nombre des heures de classe varie de 30 à 40 par semaine ; chaque leçon est de deux heures.

Le prix de la pension est de 60 francs par semestre.

Quant aux trois autres écoles, il suffit pour y être admis d'avoir fait de bonnes études primaires, d'être âgé de seize ans au moins et d'avoir deux ans de pratique du métier.

La durée des études est de quatre semestres d'hiver pour l'école du bâtiment, un an et demi pour l'école de contremaîtres, un temps illimité pour l'école de dessin.

L'école de contremaîtres est divisée en 4 sections :

1° Pour les mécaniciens,
2° Pour les menuisiers,
3° Pour les teinturiers,
4° Pour les fabricants de savon.

Le but est « d'offrir, dans la première section, aux fabricants de machines, puisatiers, fileurs, tisserands, drapiers, etc., dans la deuxième section aux futurs meuniers et constructeurs de moulins ; dans la troisième aux teinturiers, apprêteurs et blanchisseurs ; dans la quatrième aux savonniers et autres jeunes gens voulant s'occuper plus tard dans l'industrie des graisses, les moyens d'acquérir les connaissances théoriques nécessaires à leurs besoins ».

Le programme varie suivant les sections et, à part l'allemand, est complètement technique. Le nombre des heures de classe est de 30 à 35 par semaine. Le prix de la pension est de 37 francs par semestre.

L'Ecole de dessin industriel a pour but « d'enseigner le dessin et le modelage à de jeunes ouvriers. »

Les cours n'ont lieu que le soir et comprennent le dessin géométrique, les projections, le dessin à main levée, le modelage.

Grâce à l'amabilité du directeur et des professeurs de l'école,

M. Davesne a pu visiter tout l'établissement, un bâtiment vaste et majestueux, nouvellement construit et parfaitement approprié à sa destination. La subvention considérable (187,500 francs par an) accordée par l'État, jointe au produit des rétributions scolaires, a permis d'organiser l'intérieur de l'école d'une manière parfaite. Une foule de machines, d'appareils de physique, de produits chimiques ont pu être achetés, et tout ce matériel seul est assuré pour un million. De plus les professeurs de l'école augmentent journellement ce trésor en y ajoutant d'ingénieux appareils fabriqués par eux-mêmes et par leurs élèves.

Les salles de classes sont en parties éclairées à l'électricité.

Cet établissement est renommé dans toute la Saxe. Les ingénieurs et autres élèves qui en sortent sont très recherchés, non seulement en Saxe, mais encore dans le reste de l'Allemagne. Ceux d'entre eux qui veulent continuer leurs études au Polytechnikum de Dresde ou à l'École des mines (Bergakademie) de Freiberg y sont admis sans examen.

L'*École de tissage* (höhere Webschule) de Chemnitz a pour but « par un enseignement varié et approfondi, de former des fabricants et des contremaîtres pour toutes les branches de la tisseranderie et de donner aux jeunes gens qui se destinent à la profession d'acheteurs et de vendeurs (commis-voyageurs) les connaissances nécessaires pour être à même de juger de la valeur des marchandises ».

Pour être admis il suffit d'être âgé de quatorze ans au moins et d'avoir fait de bonnes études primaires.

Les cours durent un an et comprennent :

L'étude du métier de tisserand et des matériaux employés;

L'étude des machines à tisser;

Le démontage des échantillons, le dessin et le calcul des échantillons;

La formation de la chaîne et de la trame;

Les différentes parties des machines et des métiers;

Le dessin à main levée et le dessin de machines;

Les exercices pratiques sur le métier à main ;

Les exercices pratiques à la machine.

Le nombre des heures de classe est de 38 par semaine.

Le prix de la pension est de 225 francs pour le premier semestre et de 112 pour le second. De plus les élèves doivent payer 37 francs pour l'achat du matériel. A la fin de l'année, les tissus qu'ils ont fabriqués leur sont remis.

L'école ne compte que 55 élèves, mais elle est très bien organisée; elle a beaucoup de machines et de métiers et même une petite machine à vapeur. Elle est très appréciée par les spécialistes du pays.

A l'entrée se trouve la statue de Jacquard, « un tisserand anglais » (ein Englischer Webmeister) comme l'assure le *Führer durch Chemnitz* (Le Guide à travers Chemnitz) !

L'École professionnelle pour les adultes (gewerbliche Fortbildungs-schule) de Chemnitz a pour but « d'enseigner aux jeunes gens de toutes professions ce qui peut être utile dans leur état ».

Pour être admis, il faut avoir atteint l'âge de quatorze ans, avoir fait de bonnes études primaires et subir un examen.

Les cours n'ont lieu que le soir et comprennent :

Le dessin à main levée, le dessin géométrique, les projections, l'allemand, l'arithmétique, la géométrie, la tenue des livres, l'histoire et la géographie, la physique, la langue française, la langue anglaise, la sténographie, le chauffage des machines à vapeur.

Il y a des cours spéciaux pour les serruriers et pour les forgerons.

Le nombre des classes est variable, mais l'étude de la langue allemande, de l'arithmétique, de la géométrie, du dessin, de la tenue des livres est obligatoire pour tous.

Le nombre des élèves est de 1,278. Ils ont à payer 7 fr. 50 c. par an et de plus 5 francs pour l'enseignement de l'anglais.

A Limbach, non loin de Chemnitz, se trouve une excellente *Wirkschule*, c'est-à-dire une école de tricot à la machine. Limbach, bien que très fier de ses 10,000 habitants et du titre de ville qui lui a été récemment accordé, n'est qu'un gros bourg.

Le but de cette école est « de préparer les élèves, par un ensei-gnement théorique et pratique, à l'exploitation d'une fabrique de tri-cots *(Wirkerei)* ».

Pour être admis, il faut avoir quatorze ans accomplis et avoir fait de bonnes études primaires.

Les cours durent un an et comprennent : l'arithmétique, la géo-métrie, le dessin géométrique et le dessin des machines, la physique et la mécanique, la filature, le tissage, le tricot, les exercices pra-tiques, le dessin à main levée et la tenue des livres.

Le nombre des heures de leçon est de 36 à 40 par semaine.

Les élèves ont à payer 225 francs pour l'année s'ils sont Saxons, 375 dans le cas contraire. Les frais occasionnés par l'achat des livres ou du matériel nécessaire s'élèvent à la somme de 180 francs. Les marchandises fabriquées par les élèves leur appartiennent.

La Wirkschule compte environ 50 élèves dont un Suédois, un Anglais et plusieurs Autrichiens. Elle a même eu il y a quelques années deux élèves français, l'un de Saint-Etienne et l'autre de Troyes.

Elle est admirablement organisée : elle est munie d'un spécimen de toutes les machines et de tous les métiers à tricot les plus nouveaux ; elle a pour directeur un homme très instruit, ayant parcouru pendant plusieurs mois la France et l'Angleterre où il a visité les nombreuses fabriques similaires.

Le travail des élèves n'est nullement routinier. Ils doivent con-naître leur métier jusque dans ses moindres détails ; ils sont par là à même de le réparer eux-mêmes en cas de besoin, et ne se trouvent pas embarrassés en présence d'un métier nouveau pour eux.

L'*École de passementerie* de Buchholz n'est guère qu'une sorte de de Fortbildungsschule obligatoire pour tous les apprentis passementiers. Les cours n'ont lieu que le soir et le dimanche matin, et comprennent l'allemand, l'arithmétique. le dessin, les travaux pratiques.

Le but de l'école est « d'enseigner, outre le programme de la Fortbildungsschule ordinaire, les éléments de la passementerie, de manière à rendre les élèves capables d'esquisser, de calculer et de fabriquer les différentes sortes de passements ».

Les élèves ont à payer une rétribution annuelle de 5 francs.

Le directeur de l'école est un patron passementier, et il est secondé par 3 passementiers et 2 instituteurs de la Bürgerschule.

Grünhainichen, où se trouve une *École pour la fabrication de jouets d'enfants* (Fachgewerbschule für Spielwaarenfabrikation), est un village de 2,000 habitants pittoresquement étagé sur la rive gauche de la Flöhe, un sous-affluent de la Mulde. La principale occupation des habitants est la confection de jouets d'enfants.

L'aimable et obligeant directeur de la Fachschule donna à M. Davesne les renseignements les plus intéressants sur cet établissement. Tous les travaux qu'il fait exécuter à ses élèves pourraient très bien rentrer dans nos programmes pour le travail manuel. Tout d'abord la *Laubsägerei* (découpage à la scie à chantourner).

C'est là un travail assez facile, n'exigeant pas de grands frais et éminemment capable de développer le goût enfantin. Il en est de même de la *Schnitzarbeit*, c'est-à-dire de la sculpture sur bois. Ce travail consiste à tailler le bois à l'aide d'un canif ou plutôt d'un instrument spécial nommé *Schnitzmesser* (couteau à tailler) ; les élèves forment ainsi de jolis cadres, des boîtes de montre et autres objets analogues. Ce travail est plus difficile que le précédent et quelque peu dangereux pour de jeunes enfants; mais il présenterait de grands avantages dans les classes supérieures.

Les élèves apprennent rapidement à fabriquer sans aide des jouets assez bien réussis. Ne serait-ce pas pour les enfants de nos écoles un grand avantage et un plaisir sans pareil, s'ils pouvaient confectionner eux-mêmes quelques-uns de leurs jouets, ou des objets utiles? On pourrait leur laisser le choix, tout en les guidant naturellement, et, ce produit de leurs mains, ils en seraient fiers, ils le garderaient précieusement, et ils apprendraient ainsi à connaître les joies du travail et à mieux respecter ce qui leur tombe sous la main.

Les élèves de cette Fachschule ne sont nullement des jeunes gens pour qui les innocentes joies du premier âge n'ont plus d'attraits. Ce sont des enfants de dix à douze ans qui viennent ici après les leçons de l'école primaire, et pour qui cette occupation est un divertissement auquel ils se livrent avec passion. En dehors du travail manuel, ils ont encore 4 heures de dessin par semaine.

Après avoir quitté l'école primaire, à quatorze ans, ils continuent à fréquenter la Fachschule, qui devient alors pour eux une sorte de Fortbildungsschule. Ils continuent le découpage à la scie, la sculpture du bois, et de plus la confection de jouets en carton. En dehors des études de la Fortbildungsschule ordinaire, le programme comporte encore le dessin architectural, à main levée, la peinture, le modelage.

Pour les jeunes gens sortis de l'école primaire, les cours n'ont lieu que le soir et le dimanche matin.

Le nombre des élèves est de 126.

L'école est gratuite pour tous et ouverte à tous.

Le programme définit ainsi le but de l'école :

« Former de jeunes ouvriers, par l'enseignement du dessin, de la peinture et du modelage et par des exercices pratiques, pour une fabrication rationnelle de jouets d'enfants élégants, et de plus encourager dans la mesure du possible le développement de cette industrie en Saxe. »

D'autres écoles saxonnes sont d'un grand intérêt pour l'enseignement du travail manuel. Ce sont les *écoles pour l'apprentissage des ouvrages de paille* (Strohflechtschulen), qui se trouvent au nombre de six et ont pour but « d'encourager l'industrie domestique en facilitant la fabrication d'objets susceptibles d'être vendus ». Elles sont gratuites et ouvertes à tous les enfants, parfois aussi aux adultes. Le programme ne comprend que les exercices pratiques.

Les *écoles pour les vanniers* (Korbflechterei) ont à peu de chose près la même organisation que les précédentes.

Les *écoles pour la sculpture en bois* (Schnitzschulen), au nombre de trois, ayant pour but « l'enseignement de la sculpture artistique en bois et de l'ébénisterie ». Elles sont également gratuites et ouvertes à tous ceux qui ont fait de bonnes études primaires. Le programme comprend des exercices pratiques et le dessin géométrique.

Les *écoles pour les ouvrières faisant de la dentelle* (Klöppelschulen) se trouvent surtout dans les montagnes où l'industrie des dentelles est fort répandue; elles ont pour but « non seulement d'introduire de meilleures méthodes de travail, de rendre possible la fabrication de dentelles plus fines et se vendant mieux, mais encore de venir en aide à l'éducation domestique en habituant les enfants à l'attention, à l'application, à l'obéissance, à l'exactitude, à l'ordre et à la propreté ». Toutes les élèves de l'école primaire y sont admissibles; chaque élève paie 5 centimes par semaine. Le nombre de ces écoles est de 29, fréquentées par 1,700 enfants.

Les *écoles spéciales de la Société pour les travaux de femmes* (Fachschulen des Frauenerwerbvereins) de Dresde ont pour but « de continuer l'éducation des jeunes filles sorties de l'école primaire eu égard à leur perfectionnement intellectuel et moral, à une plus grande fermeté de caractère et une capacité plus grande pour le travail ».

Elles comprennent 1° Une *école du soir* (Abendschule) pour l'éducation en général, pour la couture et autres travaux analogues ;

2° L'*école de couture de jour* pour les travaux plus fins;

3° L'*école professionnelle de dessin* (Gewerbzeichenschule) pour les maîtresses de dessin industriel, les dessinatrices de modèles, les femmes peintres occupées dans les usines et principalement dans les fabriques de porcelaine;

4° L'*école de broderie* (Kunststichschule) pour la fabrication de fines broderies et de dentelles.

Le nombre total des élèves, qui sont des jeunes filles ayant au moins quinze ans, est de **240** environ, payant chacune une rétribution scolaire variant entre 2 fr. 50 c. et 12 francs par mois.

L'*académie allemande des tailleurs* (deutsche Bekleidungsakademie) a pour but de former de bons tailleurs. Elle est divisée en plusieurs sections, suivant que l'élève veut travailler les nouveautés pour dames, les nouveautés pour hommes et enfants, la lingerie, etc.

Le nombre des élèves est de 400 environ dont une centaine d'étrangers. Ces élèves, jeunes gens et jeunes filles, ont à payer une rétribution annuelle qui va de 50 à 300 francs pour un cours dont la durée varie de trois semaines à six mois.

L'*école spéciale des ferblantiers* (Fachschule für Blecharbeiter) de Aue a pour but de « donner les connaissances théoriques et pratiques nécessaires à de bons ferblantiers ».

Le nombre des leçons par semaine est de 50, dont 30 pour des exercices pratiques. Le nombre des élèves est de 40, payant une somme annuelle de 225 marks.

L'*école des potiers* (Töpferschule) de Altstadt-Waldenburg a pour but d'enseigner aux jeunes potiers le dessin et le modelage. L'enseignement est gratuit et les cours n'ont pas de durée limitée.

L'*école des horlogers* (Uhrmacherschule) de Glashütte a pour but de donner l'éducation théorique et pratique des jeunes gens qui veulent devenir horlogers.

Pour pouvoir être admis, il faut avoir fait de bonnes études primaires, et autant que possible avoir exercé le métier d'horloger.

Les élèves sont au nombre de 40 ; ils étudient trois ans et paient une somme annuelle de 150 francs.

Les *cours pour les chauffeurs de machines à vapeur* (Unterrichtskurse für Dampfkesselheizer) ont lieu dans quatre villes et ont pour but d'enseigner aux chauffeurs les connaissances nécessaires pour pouvoir exercer leur profession d'une manière rationnelle et sans danger.

Tous les chauffeurs sont admissibles. Le nombre total des leçons, de 2 heures chacune, est ordinairement de 12, pour lesquels les auditeurs paient une somme de 4 à 6 francs. Ces cours sont suivis par 840 chauffeurs.

Les *écoles de bateliers* (Schifferschulen) sont au nombre de six, fréquentées par une centaine de jeunes gens. La durée de l'enseignement est de quatre à cinq mois d'hiver. Les élèves y étudient la conformation et le mouvement des bateaux et des trains de bois, le gréement, les outils, le chargement, la direction des bateaux, les prescriptions de la police concernant leur état, la géographie de l'Elbe, les prescriptions de la douane.

L'école spéciale des drapiers (Fachschule für Tuchmacher) de Kamenz a pour but d'enseigner aux apprentis et aux ouvriers drapiers la tenue des livres et les connaissances pratiques qui leur sont nécessaires. Elle est gratuite et obligatoire pour tous les apprentis drapiers, et fréquentée par la plupart des ouvriers.

« Il y a encore de nombreuses écoles d'agriculture et de commerce en Saxe, dit M. Davesne en terminant son rapport, mais elles ne rentrent pas dans le cadre nécessairement restreint qui m'est imposé, et je m'arrêterai ici en demandant toutefois la permission de faire encore une réflexion. Une chose tout aussi étonnante et digne de notre admiration que le grand nombre et l'excellente administration des écoles professionnelles de la Saxe, c'est la foule des élèves qui les fréquentent, malgré les dépenses relativement considérables que ces écoles entraînent pour des jeunes gens généralement pauvres. Je crois que la cause en est le haut niveau de l'instruction primaire en Saxe. Les jeunes gens comprennent mieux leurs intérêts, se passionnent davantage pour l'étude et ne reculent pas devant des frais que couvriront amplement les avantages qu'ils en tireront. »

Nous complétons ce qui précède par les deux extraits suivants d'un fort intéressant rapport sur « Les Musées et les Écoles d'art industriel » adressé en 1886 à M. le sous-secrétaire d'État du ministère de l'instruction publique et des beaux-arts, par M. Marius Vachon.

L'École de tissage de Crefeld.

En 1855, la Chambre de commerce de Crefeld fondait, avec le concours de la municipalité et du gouvernement prussien, une école de tissage. L'institution ne réunit qu'un petit nombre d'élèves; elle était mal venue de tous points. Jusqu'en 1874, la moyenne des élèves ne dépassa pas 35. En 1876, ce chiffre s'élevait à 60, pour retomber en 1870 à 20. La décadence évidente de l'école provoqua l'intervention du gouvernement prussien, qui s'occupa de la réorganiser radicalement, en la rattachant au ministère du commerce. La réforme fut si bien faite, elle répondait avec tant de précision aux nécessités du commerce et de l'industrie de Crefeld, que le nombre des élèves était, la première année, de 120 ; la seconde, de 180; la troisième, de 220; aujourd'hui il atteint 259, et l'administration refuse de nombreux candidats, faute de place pour les recevoir. En 1884, la Chambre de commerce déclarait, dans son rapport annuel, que les bâtiments de l'école étaient devenus absolument insuffisants, et en manifestait ses regrets. La prospérité de l'institution a dépassé toutes les prévisions, toutes les espérances, car en même temps que le ministère prussien réorganisait l'école, il faisait élever pour la loger un édifice monumental, dont la construction et l'aménagement ont coûté environ 2 millions de francs. En cette circonstance s'est manifesté avec éclat l'esprit de solidarité et d'initiative de la fabrique de Crefeld. L'État ayant donné 500,000 marks, la ville autant, le reste de la dépense incombait à la Chambre du commerce et aux industriels; la Chambre de commerce et les industriels souscrivirent immédiatement la somme nécessaire.

L'organisation scientifique de l'école de Crefeld en fait une institution type, en même temps qu'elle peut servir de modèle par son organisation matérielle. Elle comporte en fait beaucoup plus que ne semble indiquer le titre spécial d'école de tissage qu'on lui a donné. La mission de l'école est de former, par un enseignement professionnel théorique et pratique de l'industrie textile et par une instruction artistique sérieuse, des fabricants, des contremaîtres, des négociants en soieries et des dessinateurs industriels. Le programme des cours comprend l'étude du dessin et de la peinture, l'examen et la décomposition de tous les tissus, soie, laine, coton, lin ; la pratique et l'analyse de toutes les manipulations qu'ils ont à subir avant et après le tissage, l'étude théorique et pratique de tous les systèmes de métiers mécaniques ou autres, de tous les modes de fabrication, de tous les moteurs employés dans l'industrie des tissus, de l'apprêt et de la teinture des étoffes ; la comptabilité industrielle et la géographie commerciale.

Les cours faits par 14 maîtres embrassent deux années d'études, division inférieure et division supérieure. Les travaux pratiques alternent avec l'enseignement artistique et l'enseignement théorique. L'école contient dans ce but des ateliers de tissage avec une série considérable de métiers mécaniques ou à la main, accompagnés de tous les accessoires industriels que comportent les opérations de la fabrication des tissus ; des laboratoires de chimie, de teinture, d'apprêts, d'impression sur étoffes, organisés depuis trois ans.

Une analyse rapide du plan d'études permettra de se rendre compte exactement du caractère de l'enseignement de l'école de Crefeld.

Tous les élèves doivent avoir reçu préalablement une instruction régulière et complète et avoir accompli leur quatorzième année.

Dans la division inférieure, première année, on étudie :

14 heures par semaine, la décomposition (analyse des matières premières, examen des tissus unis et façonnés à petits dessins, préparation de patrons et de cartons), 2 professeurs ;

2 heures par semaine, la comptabilité de fabrique, 1 professeur ;

2 heures par semaine, les prix de revient (détermination de la valeur des étoffes fabriquées, d'après des échantillons que les élèves ont décomposés), 1 professeur ;

7 heures par semaine, la chimie organique et inorganique, 1 professeur ;

21 heures par semaine, le dessin (exécution d'après modèles de contours, d'ornements, de fleurs de tissus, au crayon, à l'encre de Chine, en couleur), 1 professeur ;

Pour les travaux pratiques de tissage, organisés par deux professeurs, les élèves de la division inférieure trouvent la salle de tissage ouverte pendant 39 heures par semaine. Chaque élève y est occupé 6, 8, 14 heures, et plus au besoin, par semaine, suivant qu'il désire se perfectionner plus ou moins dans la pratique des métiers.

Le laboratoire de teinture et d'apprêt (1 professeur et un aide) est ouvert pendant 47 heures par semaine ; la présence y est également facultative, suivant les visées industrielles de l'élève.

Dans la seconde année, l'enseignement de la décomposition occupe 14 heures par semaine, et a trait exclusivement à l'analyse du métier Jacquard. Les cours de dessin, qui prennent 20 heures, portent principalement sur l'exécution des dessins sur les machines à tisser et des projets d'échantillons de tous genres. Aux travaux pratiques de tissage viennent s'ajouter 10 heures de leçons sur les organes des machines de tissage, sur les moteurs, sur la filature, sur les machines et appareils employés dans le tissage mécanique et le tissage à la main, et 8 heures de travaux pratiques de teinture et d'apprêt.

L'enseignement artistique tient donc dans les programmes officiels presque autant de place que l'enseignement professionnel. L'école de Crefeld en tire une originalité d'organisation qui ne se trouve dans aucune autre école de ce genre, ni à Vienne, ni à Zurich, ni à Lyon, et qui constitue une innovation du plus haut intérêt. Cet enseignement artistique est réglementairement destiné à former des dessinateurs pour étoffes; mais les professeurs qui le dirigent se préoccupent, fort intelligemment, de lui donner un caractère plus large, plus élevé. Ils n'enferment point les élèves dans les limites étroites de l'application industrielle; ils cherchent à développer leur intelligence artistique, à leur donner le goût des belles inventions, la curiosité des idées nouvelles, des œuvres des maîtres, à les sortir des ornières et des sentiers battus.

L'étude de la nature, que la routine des vieux ateliers, des cabinets de dessins montés par des entrepreneurs, a fait si longtemps dédaigner, a été remise en honneur par ces professeurs; et j'ai pu admirer les résultats considérables qu'ils en ont déjà obtenus. Le mérite de la réforme revient particulièrement à l'un d'eux, un jeune professeur français, d'origine alsacienne, qui a fait son éducation artistique dans les écoles de Lyon et de Mulhouse.

Cet enseignement répond d'ailleurs aux vœux des fabricants de Crefeld, qui reconnaissent avec franchise que la production vulgaire et à bon marché a fait son temps, et que la prospérité de leur industrie ne se maintiendra qu'au moyen d'une évolution radicale lui substituant une production artistique et originale. Crefeld nourrit en ce moment l'ambition de faire concurrence, dans un temps peu éloigné, à Lyon et à Saint-Étienne. C'est dans ce but qu'ils ont spontanément, et avec un entrain admirable, projeté la réorganisation complète de l'ancienne école, qu'ils ont fait des sacrifices pécuniaires privés énormes pour construire un bâtiment monumental dont l'installation remplit toutes les conditions d'une école modèle, pour créer une institution qui permet de donner aux jeunes gens l'éducation professionnelle et artistique la plus complète. L'école de Crefeld réalise incontestablement l'idéal d'une institution de ce genre.

L'architecte qui l'a construite s'est inspiré exclusivement, dans la combinaison de ses plans, de toutes les nécessités, de toutes les exigences qu'imposait la multiplicité des services d'un enseignement pratique et théorique; il n'a point sacrifié, comme cela arrive si fréquemment chez nous, à l'obsession de faire une œuvre toute d'apparence extérieure et de luxe architectural. Au rez-de-chaussée, en façade de 60 mètres de développement environ, sont les salles des musées, grandes, spacieuses, bien éclairées par de larges baies ouvrant sur une place. Viennent ensuite, sur les deux ailes, entourées de squares, les salles de cours, auxquelles on accède par de larges couloirs-galeries, qui font le tour de l'édifice et mettent tous les services du rez-de-chaussée en communication directe. Au premier étage, le seul, sont les ateliers de dessin, d'un éclairage merveilleux. Dans un bâtiment contigu, plus petit, en opposition à la façade, enclavé dans une vaste cour, se trouvent les ateliers de tissage, qui peuvent contenir 80 métiers mécaniques ou à la main, avec un moteur à gaz de la force de 8 chevaux, les laboratoires de physique et de chimie, les ateliers de teinture et d'apprêt. Au moment où je visitais l'établissement, on montait des machines d'impression sur étoffes.

Tous ces ateliers sont installés dans les conditions les plus parfaites de commodité, de lumière, de ventilation et de chauffage; ils sont éclairés le soir, ainsi que tout l'édifice, à la lumière électrique. Un ordre sévère et une propreté méticuleuse y règnent. J'ai fort admiré d'ailleurs combien on avait soin d'entourer partout l'élève d'objets de bon goût, de formes simples mais élégantes, et d'exemples de bonne tenue. Les poignées des fenêtres, les fermetures, les candélabres et les lanternes sont d'un dessin artistique ; toutes les portes des salles et ateliers sont entourées de chambranles à moulures et ornements très soignés. Chaque salle est munie de lavabos de marbre, où l'eau coule à profusion. Quand tous les ateliers sont en action et que travaille ce petit monde de jeunes gens intelligents, éveillés, bien portants, les uns menant la barre des jacquards, surveillant les dévidoirs mécaniques, montant un atelier nouveau; que d'autres, dans le laboratoire de chimie, le tablier sur la poitrine, brassent des mixtures de couleurs, manœuvrent les lourds pilons dans les mortiers de fonte, teignent les étoffes, lessivent des pièces de soieries; les maîtres surveillant la besogne, mettant la main au métier et à la pâte, le spectacle est fort intéressant et très pittoresque. Il y a là de la gaieté et un entrain extraordinaire.

La variété des études et des travaux pratiques n'est point faite, il est vrai, pour engendrer l'ennui, pour fatiguer l'esprit et le corps de l'élève. Chaque leçon spéciale ne dure pas plus d'une heure par jour, et, pendant une semaine, le jeune homme parcourt toute la série des matières de l'enseignement, passe du cours de dessin au cours de comptabilité, apprend la chimie, travaille au métier, étudie la mécanique et fait des expériences de teinture.

Après deux ans passés à l'école, un élève studieux et intelligent a reçu une instruction professionnelle complète et connaît tout son métier assez pour faire un bon chef d'atelier, un contremaître habile, un dessinateur expérimenté. Mais à Crefeld, comme à Zurich, comme à Saint-Gall, comme partout, les parents pressés par le besoin, soucieux que leurs enfants soient promptement en état de gagner quelque argent, interrompent leurs études ou ne leur font faire qu'une année. En considération de ces nécessités qui s'imposent fréquemment, la direction de l'école a organisé ingénieusement le plan d'études, de manière que les élèves qui désirent se livrer plus spécialement aux travaux de pratique, ou recevoir l'enseignement de certaines parties du tissage, puissent le faire facilement, sans inconvénient pour les autres élèves, et sans amener d'irrégularité dans la succession des cours. J'ai observé à ce propos que, dans toutes les écoles professionnelles d'Allemagne, les règlements, tout en étant très sévères au point de vue de la discipline, sont faits d'une façon très large, qui permet de tenir compte de toutes les exigences sociales; qu'ils visent non point à entraver, à restreindre si peu que ce soit l'admission des élèves, mais à la favoriser aussi généreusement que possible. Les méthodes d'enseignement non plus ne sont point impérieuses ni inflexibles; on laisse le champ libre à l'initiative et à l'indépendance des maîtres. Chacun sous sa responsabilité organise ses cours comme il l'entend, choisit les modèles qu'il préfère. La direction et le comité de surveillance ne jugent que les résultats acquis et les travaux. C'est le régime de la liberté et de la responsabilité, si fécond et si grandiose, qui existe d'ailleurs partout en Allemagne, depuis l'école primaire de village jusqu'à l'université.

Les élèves de l'école de Crefeld appartiennent à toutes les nationalités; il y a des Allemands, des Américains, des Anglais, des Belges, des Suisses et plusieurs Lyonnais, qui, au bénéfice d'une instruction professionnelle très complète, ajoutent celui d'apprendre pratiquement l'allemand et de recevoir des connaissances commerciales excellentes. Les frais d'études sont assez élevés et se perçoivent au commencement de chaque semestre, d'après le tarif suivant:

Pour les nationaux prussiens:

1 semestre dans la classe inférieure . . . . . . m. 60
1   —   supérieure. . . . . m. 90
1   —   les ateliers. . . . . m. 50

Pour les élèves allemands, mais non prussiens:

1 semestre dans la classe inférieure. . . . . m. 90
1   —   supérieure . . . . m. 190
1   —   les ateliers . . . m. 75

Pour les étrangers:

1 semestre dans la classe inférieure. . . . . m. 180
1   —   supérieure . . . m. 270
1   —   les ateliers . . . . m. 150

Ceux qui veulent suivre les cours de teinture et d'apprêt paient un droit d'écolage supplémentaire:

Nationaux, par semestre . . . . m. 100
Allemands non Prussiens. . . . . m. 150
Étrangers . . . . m. 300

Pour suivre certains cours seulement, on s'entend spécialement avec le conseil d'administration de l'école. Chaque élève ne peut s'engager pour moins d'un semestre.

Les échantillons à décomposer et les matières nécessaires au tissage sont fournis par l'école, afin d'obtenir la régularité dans les travaux, et sont délivrés gratis. Les laboratoires de chimie et de physique, les ateliers de teinture et d'apprêt fournissent également les matières premières. Les négociants et les industriels de Crefeld ont le droit de faire gratuitement exécuter des essais dans les ateliers. Les professeurs, de leur côté, se livrent constamment à des expériences et des recherches dont ils ont le devoir de communiquer au public les résultats. Cette section de l'école reçoit, de tout cela, une activité incessante qui est fort utile au développement de l'industrie régionale.

Les relations entre l'école et les industriels sont d'abord constantes, et ces derniers, représentés par une commission spéciale, ont une ingérence directe dans l'administration de l'institution. Bien que l'école soit établissement royal et dépende officiellement du ministère prussien du commerce, elle est administrée par un curatorium ainsi composé :

Le bourgmestre de Crefeld, M. Kuper;

Le premier assesseur municipal, M. Scheiller;

Le président de la Chambre de commerce;

Un conseiller de commerce;

Le vice-président de la Chambre de commerce de Crefeld.

Il est à faire remarquer, à ce propos, que, contrairement à l'opinion erronée que nous avons de la question en France, l'État prussien est fort décentralisateur en ces matières. Il abandonne volontiers tout, musées, écoles, expositions, concours, aux groupes industriels intéressés, aux sociétés qui en ont pris l'initiative; il se contente de veiller soigneusement, au moyen de ses inspecteurs, à l'emploi des subventions qu'il accorde, à l'exécution des règlements officiels; mais il exige impérieusement des résultats sérieux. Il faut que tout marche, prospère, sinon il intervient et séquestre, comme il l'a fait pour le musée d'art industriel de Berlin, il y a un an. L'esprit d'empire, il est vrai, présente un caractère tout différent. Il centralise et absorbe avec jalousie.

Le budget de l'école s'est élevé, en 1885, à la somme de 80,000 marks.

A l'école est annexé un musée de tissus anciens, qui comprend plus de 5,000 pièces et qui embrasse toute l'histoire textile depuis le xe siècle jusqu'au xixe.

En voici un inventaire sommaire :

Tissus, soie, or, sarrasins	x^e au xiiie siècle	150 pièces
— italiens primitifs. . . .	xiiie au xiv^e	— 60
— velours brocart gothique.	xive au xv^e	— 90
— mi-soie Renaissance (italienne, des Pays-Bas).	xvie au xvii^e	— 200

Tissus, velours, Renaissance (italiens, espagnols, français, Pays-Bas) . . .	xvie au xviie siècle	200 pièces	
Tissus de lin, blanc et couleur, Renaissance	xvie au xvii^e	— 70	—
Velours allemands	xviii^e	— 80	—
Tissus, soie, mi-soie, brocart (Espagne, Flande, France).	xviii^e	— 1080	—
Tissus de laine et de coton. . . .	x^e	— 70	—
Tissus imprimés	xviii^e	— 100	—
Tissus asiatiques, soie, brocart (allemands).		210	—
Broderies en couleur asiatiques. . . .		25	—
Broderies en couleur sur lin. . . .	xvii^e	— 150	—
Broderies en couleur sur soie (slaves).	xvie au xviii^e	— 145	—
Broderies en lin	xvie au xviii^e	— 50	—
Travaux d'application.	xvie au xvii^e	— 25	—
Bordures et rubans soie et or . . .		150	—
Parties de Gobelins.	xvie au xvii^e	— 30	—
Dentelles à l'aiguille, en filet et en lacet (allemandes, flamandes).	xvie au xvii^e	— 370	—
Dentelles en or et argent et bordures.	xviie au xviii^e	— 130	—
Franges et glands (passementerie) . .		140	—
Papiers avec dessins en couleurs et couvertures de livres	xvie au xviii^e	— 235	—
Grandes tentures.		25	—
Étoffes de soie modernes.		655	—
Tissus laine et mi-laine, modernes. .		800	—

La salle d'exposition, située au rez-de-chaussée de l'édifice de l'école, est superbement installée : grandes baies qui déversent une lumière abondante et claire, plafonds élevés, vitrines élégantes et très ingénieusement disposées. Un riche négociant de Crefeld, M. Court, vient de léguer une somme de 100,000 marks pour faire exécuter par un artiste de ses amis, M. Bauer, dans ce musée, une série de peintures murales représentant l'historique de l'industrie de la soie à Crefeld. A côté du musée des tissus anciens est un musée de tissus modernes qui renferme également des collections technologiques, des échantillons de matières premières dans leurs diverses transformations, des types de métiers en dessins ou modèles réduits, etc. Ce musée est alimenté par les négociants et les industriels de Crefeld. On peut visiter l'un et l'autre tous les jours à des heures déterminées.

Les divers systèmes d'enseignement professionnel.

Dans mes trois voyages de mission, j'ai vu et étudié de nombreux établissements d'instruction artistique et professionnelle; les systémes les plus variés y fonctionnent, et les programmes en sont très différents. Ici, on se préoccupe de faire des apprentis (École des arts industriels de Genève, École des arts industriels de Naples); là, on n'a en vue que de former des dessinateurs industriels (Vienne, Buda-Pesth, Munich, Rome, Pétersbourg, Moscou, École du Musée industriel de Berlin, Écoles municipales de Genève, Écoles de Dusseldorf et Cologne); ailleurs, l'éducation complémentaire des ouvriers, au moyen de l'enseignement du dessin, est le principal objectif (Écoles municipales de Venise et Berlin, École du Musée industriel de Zurich); tantôt, la théorie est exclusive de la pratique; tantôt elles sont conjointes, ou bien la dernière domine. Enfin certaines industries possèdent des écoles spéciales, où le métier est enseigné *ab ovo*, dans tous ses perfectionnements et avec toutes ses ramifications (Crefeld, Iserlohn, Remscheid, Aix-la-Chapelle, École de broderie de Saint-Gall, Écoles d'horlogerie de la Suisse).

Quel est le meilleur système?

La réponse ne saurait être absolue, car il convient de tenir compte, dans l'expression d'un jugement, des nécessités sociales du pays et des conditions particulières des industries en question.

Pour la première catégorie d'écoles, celles d'apprentis, la réalité ne correspond que fort rarement, sinon jamais, au principe de la création. L'instruction qu'on y donne aux élèves est généralement assez complète pour qu'à l'expiration de leur temps d'étude, ils aient l'ambition justifiée de devenir chefs d'atelier, contremaîtres ou dessinateurs. En fait, ces écoles sont de véritables écoles de perfectionnement industriel. Dans presque tous les pays d'ailleurs, en Allemagne notamment, l'école d'apprentissage réelle n'existe point. On y est d'avis que l'apprentissage de l'ouvrier ne peut se faire qu'à l'atelier, de même que l'apprentissage du soldat ne se fait qu'à la caserne et sur le champ de manœuvre. Il ne faut pas confondre, par suite d'une appellation presque analogue, ces écoles avec les écoles ou classes d'apprentis destinées à donner aux enfants engagés dans l'apprentissage les éléments primaires d'instruction et d'éducation. Toutes les écoles artistiques du soir et du dimanche que j'ai étudiées en Italie, en Allemagne, en Autriche et en Suisse, sont exclusivement de très ingénieuses adaptations de ces écoles aux exigences des industries locales.

Les écoles pour former des dessinateurs industriels sont nombreuses; mais elles subissent peu à peu une transformation radicale par l'adjonction de plus en plus fréquente des ateliers d'application.

On a reconnu, à peu près partout, que l'enseignement du dessin aux ouvriers et aux industriels exige, pour être vraiment utile, l'application immédiate et le travail pratique. Sinon, ces écoles ne servent qu'à former des candidats aux écoles de peinture, détachent les ouvriers du travail manuel, et leur inspirent une ambition hors de mesure avec leur position et avec leur intelligence.

Le système de la spécialisation des écoles, qui est appliqué particulièrement en Allemagne, paraît supérieur à tout autre système.

Quel doit être le but essentiel d'une école d'art industriel? Former dans l'industrie spéciale qu'elle vise des jeunes gens pourvus préalablement d'une bonne instruction primaire et d'une éducation artistique sérieuse, qui connaissent à fond la théorie, la pratique du métier, qui aient des sciences qui s'y rattachent des notions précises, et qui, ainsi, tout en étant de bons ouvriers, puissent aisément devenir des contremaîtres, des chefs d'atelier, des patrons. Or cette éducation professionnelle, intégrale, suffit largement aujourd'hui, en raison de la multiplicité des matières à enseigner, pour remplir les trois ou quatre années d'étude que comportent généralement les écoles de ce genre.

L'exemple de l'institution typique de Crefeld, celui de l'école d'Iserlohn, montrent en outre qu'on peut facilement combiner l'enseignement théorique et l'enseignement pratique de façon à constituer à côté de l'école que j'appellerai l'*école d'officiers* d'industrie une *école de sous-officiers* et même une *école de simples soldats*.

La réforme de l'enseignement professionnel ne saurait porter exclusivement sur les apprentis et sur les ouvriers. Il est urgent de constituer en même temps un corps puissant d'excellents chefs d'industrie; c'est ce qui se fait en Allemagne, où l'assimilation du système d'éducation industrielle au système militaire est évidente. Aux ouvriers instruits il faut des patrons savants, comme à une armée disciplinée et courageuse un état-major très sérieux. L'entrée des carrières industrielles artistiques exige aujourd'hui impérieusement une forte éducation professionnelle. Les écoles spéciales d'art industriel doivent la donner.

IMPRIMERIE CENTRALE DES CHEMINS DE FER. — IMPRIMERIE CHAIX.
RUE BERGÈRE, 20, PARIS. — 23404-6.